TRAITÉ DES ARBITRAGES DE LA FRANCE,

AVEC LES PRINCIPALES PLACES DE L'EUROPE.

TRAITÉ DES ARBITRAGES DE LA FRANCE,

AVEC LES PRINCIPALES PLACES DE L'EUROPE ;

Ouvrage nécessaire aux Banquiers et Négocians, tant Français qu'Etrangers, dans lequel on trouve le Pair ou l'Egalité des Changes de la France, avec toutes les Places étrangères de sa correspondance, calculé sur le prix des Changes établis entre Elles, et des Instructions pour connoître les Places indirectes qu'on doit préférer pour faire des Remises et des Traites avec avantage ; le tout terminé par plusieurs ordres en Banque, et par des Arbitrages de Marchandises ;

Par JOSEPH-RÉNÉ RUELLE.

SECONDE ÉDITION, au moyen de laquelle on peut opérer tous les Calculs d'Arbitrages de Banque, en faisant une MULTIPLICATION et une DIVISION, sans être obligé de poser et d'opérer des Regles conjointes.

Prix, sept livres, broché.

A LYON,

Chez l'Auteur, rue Desirée, N.° 46.

1793.

INSTRUCTION

PRÉLIMINAIRE

SUR LES ARBITRAGES.

L'ÉDITION de mon Traité d'Arbitrages de la France, avec les principales Places de l'Europe, imprimé en 1768, étant finie depuis bien des années, et cet Ouvrage étant demandé avec empressement dans cette Ville et dans l'Etranger, je me suis décidé, à la sollicitation de plusieurs Négocians, de faire imprimer cette *seconde édition*, qui sera plus étendue, et dont les Opérations seront beaucoup plus abrégées que dans la précédente, par la raison, qu'on pourra opérer tous les Calculs d'Arbitrages de Banque, en faisant une Multiplication et une Division; par cette Méthode, on sera dispensé de poser*et d'opérer des Regles conjointes, trop longues et trop compliquées pour ceux qui ont besoin de ces Calculs ; il faudra seulement substituer les deux véritables prix des Changes à ceux que j'ai supposés, et on sera certain de trouver le résultat juste, comme si on avoit opéré par la Méthode ordinaire.

Voici une explication succinte, pour faire comprendre aux jeunes gens qui sont dans le commerce, l'utilité des Arbitrages.

Les Arbitrages sont des calculs que les Banquiers et Négocians font pour connoître la Place qui leur convient le mieux pour faire des Remises à une autre Place à laquelle on est débiteur, ou des Traites sur une autre Place, chez laquelle on a des fonds à retirer.

Pour opérer ces calculs, il faut savoir le prix du Change de la Place où l'on est, pour celle où l'on veut remettre, ou sur laquelle on veut tirer ; et en outre, le prix des Changes des Places indirectes dont on peut se servir, pour savoir laquelle on doit préférer ; et après avoir fait les combinaisons, faire la récapitulation des égalités qui sont venues par chaque Place, et ensuite se déterminer suivant que la Place où l'on opere donne le prix certain ou le prix incertain, en observant, pour regle générale, les quatre Instructions ci-après.

La premiere que, lorsque la Place où l'on est, donne le prix *certain* à celle où l'on veut remettre, il faut se servir de la Place qui établira le plus *haut* Change.

La seconde que, lorsque la Place où l'on est, donne aussi le prix *certain* à celle sur laquelle on veut tirer, il faut se servir de la Place qui établira le plus *bas* Change.

La troisieme que, lorsque la Place où l'on est, donne le prix *incertain* à celle où l'on veut remettre, il faut se servir de la place qui établira le plus *bas* Change.

La quatrieme que, lorsque la Place où l'on est, donne aussi le prix *incertain* à celle sur laquelle on veut tirer, il faut se servir de la Place qui établira le plus *haut* Change.

Je n'entrerai pas dans un plus grand détail sur l'utilité des calculs d'Arbitrages; ceux qui les emploient en connoissent tous les avantages. Je me contenterai d'observer qu'ils sont utiles, non-seulement aux Négocians qui font le commerce de Banque, mais encore à tous ceux qui sont dans le cas de tirer des Marchandises des pays étrangers; car il arrive très-souvent qu'un Négociant se procure un bénéfice réel, en se servant d'une Place indirecte pour faire des Remises à une autre Place à laquelle il est débiteur.

TRAITÉ

TRAITÉ DES ARBITRAGES DE LA FRANCE,

AVEC LES PRINCIPALES PLACES DE L'EUROPE.

PARIS ET AMSTERDAM.

Pair d'un écu de 3 livres en deniers de gros banco.

Places.	*Cours de Paris.*	*Cours d'Amsterdam.*
AMSTERDAM	$56\frac{1}{2}$	
Londres	$31\frac{1}{4}$	35
Cadix et Madrid	15 l. 4 s.	95
Livourne et Gênes	96	89
Lisbonne	462	46
Geneve	168	92
Venise	60	$91\frac{1}{2}$

Hambourg	178 . . .	34
Vienne	51 . . .	35 ½
Breslau	85 . . .	33
Turin	50 . . .	35 ½ (1)
Francfort.	81 . . .	148 (2)

OBSERVATION.

Paris donne le prix certain à Amsterdam : c'est-à-dire, un écu de 3 livres pour 56 ½ deniers de gros, plus ou moins ; ainsi lorsque Paris aura à *remettre* à Amsterdam, il doit se servir de la Place qui établira le plus haut change, parce qu'alors il recevra plus de deniers de gros pour un écu de 3 livres qu'il donnera; et au contraire, lorsque Paris aura à *tirer* sur Amsterdam, il doit se servir de la Place qui établira le plus bas change, parce qu'alors il donnera moins de deniers de gros pour un écu de 3 livres qu'il recevra.

(1) Cours de Turin sur Amsterdam.
(2) Cours de Francfort sur Amsterdam.

PARIS ET AMSTERDAM
PAR LONDRES.

ON veut savoir à combien reviendra le change entre Paris et Amsterdam, en remettant à cette derniere Place du papier sur Londres, pris à Paris à 31 $\frac{1}{4}$ deniers sterlings, et négocié à Amsterdam à 35 sols de gros banco pour une livre sterling.

INSTRUCTION.

Multipliez le change de Paris sur Londres, par celui d'Amsterdam sur Londres, et divisez le produit par 20, nombre fixe.

	31 $\frac{1}{4}$
	Par 35
	155
	938 $\frac{3}{4}$
Div. 20	1093 $\frac{3}{4}$
Rep. 54 $\frac{11}{16}$	93
	13
	16
	220
	20
	0

PARIS ET AMSTERDAM

PAR CADIX ET MADRID.

ON veut savoir à combien reviendra le change entre Paris et Amsterdam, en remettant à cette derniere place du papier sur Cadix ou Madrid, pris à Paris à 15 liv. 4 s. pour une pistole de 32 réaux platte-vieille, et négocié à Amsterdam à 95 deniers de gros, pour un ducat de 375 maravedis.

INSTRUCTION.

Multipliez 1088, nombre fixe, par le change d'Amsterdam sur Cadix ou Madrid, et divisez le produit par 125, nombre fixe, multiplié par le change de Paris sur Cadix ou Madrid.

	1088
	Par 95
125	5440
15-4	9792
1875	103360.
25	8360
Div. 1900	760
Rép. 54 $\frac{6}{10}$ *ou* $\frac{3}{8}$	16
	4560
	760
	12160
	760

LYON ET AMSTERDAM

PAR CADIX ET MADRID.

ON veut savoir à combien reviendra le change entre Lyon et Amsterdam, en remettant à cette dernière Place du papier sur Cadix ou Madrid, pris à Lyon à 76 sols pour une piastre de 8 réaux, platte-vieille, et négocié à Amsterdam à 95 deniers de gros banco pour un ducat de 375 maravedis.

INSTRUCTION.

Multipliez 1088, nombre fixe, par le change d'Amsterdam sur Cadix ou Madrid, et divisez le produit par 25, nombre fixe, multiplié par le change de Lyon sur Cadix ou Madrid.

	1088
	Par 95
25	5440
76	9792
150	103360
175	8360
Div. 1900	760
Rép. 54 $\frac{6}{16}$ *ou* $\frac{3}{8}$	16
	4560
	760
	12160
	760

PARIS ET AMSTERDAM

PAR HAMBOURG.

On veut savoir à combien reviendra le change entre Paris et Amsterdam, en remettant à cette derniere Place du papier sur Hambourg, pris à Paris à 178 livres pour 100 marcs lubs banco, et négocié à Amsterdam à 34 sols communs pour un déalder.

INSTRUCTION.

Multipliez 300, nombre fixe, par le change d'Amsterdam sur Hambourg, et divisez le produit par celui de Paris sur Hambourg.

	300
	Par 34
	10200
	1300
	54
Div. 178	16
Rép. 57 $\frac{4}{16}$ ou $\frac{1}{4}$.	864
	152

PARIS ET AMSTERDAM

PAR LIVOURNE ET GÊNES.

On veut savoir à combien reviendra le change entre Paris et Amsterdam, en remettant à cette derniere Place du papier sur Livourne ou Gênes, pris à Paris à 96 sols pour une piastre, et négocié à Amsterdam à 89 deniers de gros banco pour une piastre.

INSTRUCTION.

Multipliez le change d'Amsterdam sur Livourne *ou* Gênes, par 60, nombre fixe, et divisez le produit par le change de Paris sur Livourne ou Gênes.

	89
	Par 60
	5340
	540
	60
Div. 96	16
Rép. 55 $\frac{60}{96}$ *ou* $\frac{5}{8}$	960
	00

PARIS ET AMSTERDAM

PAR LISBONNE.

ON veut savoir à combien reviendra le change entre Paris et Amsterdam, en remettant à cette derniere Place du papier sur Lisbonne, pris à Paris à 462 rez pour un écu de 3 livres, et négocié à Amsterdam à 46 deniers de gros pour une creusade.

INSTRUCTION.

Multipliez le change de Paris sur Lisbonne, par celui d'Amsterdam sur Lisbonne, et divisez le produit par 400, nombre fixe.

	462
	Par 46
	2772
	1848
Div. 400	21252
Rép. 53 $\frac{2}{16}$ ou $\frac{1}{8}$	1252
	52
	16
	832
	32

PARIS ET AMSTERDAM

PAR GENEVE.

On veut savoir à combien reviendra le change entre Paris et Amsterdam en ordonnant à Geneve de remettre à Amsterdam à 92 deniers de gros pour 3 livres courantes, et de prendre son remboürs sur Paris à 168 livres tournois pour 100 livres courantes.

INSTRUCTION.

Multipliez 100, nombre fixe, par le change de Geneve sur Amsterdam, et divisez le produit par celui de Geneve sur Paris.

		100
	Par	92
		9200
Div. 168		800
Rép. $54\frac{12}{16}$ *ou* $\frac{3}{4}$		128
		16
		768
		128
		2048
		368
		32

PARIS ET AMSTERDAM

PAR VENISE.

On veut savoir à combien reviendra le change entre Paris et Amsterdam en remettant à cette derniere Place du papier sur Venise, pris à Paris à 60 ducats banco pour 100 écus de 3 livres, et négocié à Amsterdam à 91 $\frac{1}{2}$ deniers de gros pour un ducat banco.

INSTRUCTION.

Multipliez le change de Paris sur Venise, par celui d'Amsterdam sur Venise, et divisez le produit par 100, nombre fixe.

			60
		Par	91 $\frac{1}{2}$
			5460
			30
Div.	1|00		54|90
Rép.	54 $\frac{14}{16}$ *ou* $\frac{7}{8}$		16
			540
			90
			14|40

PARIS ET AMSTERDAM PAR VIENNE.

ON veut savoir à combien reviendra le change entre Paris et Amsterdam, en remettant à cette derniere Place du papier sur Vienne, pris à Paris à 51 sols pour un florin courant, et négocié à Amsterdam à 35 $\frac{1}{2}$ sols communs pour une rixdalle.

INSTRUCTION.

Multipliez 80, nombre fixe, par le change d'Amsterdam sur Vienne, et divisez le produit par celui de Paris sur Vienne.

		80
	Par	35 $\frac{1}{2}$
		400
		240
		40
Div. 51		2840
Rép. 55 $\frac{10}{16}$ ou $\frac{5}{8}$		290
		35
		16
		560
		50

PARIS ET AMSTERDAM

PAR AUGUSTE.

ON veut savoir à combien reviendra le change entre Paris et Amsterdam en remettant à cette derniere Place du papier sur Auguste, pris à Paris à 51 $\frac{1}{2}$ sols pour un florin courant, et négocié à Amsterdam à 110 rixdalles de change pour 100 rixdalles banco.

INSTRUCTION.

Divisez 40000000, nombre fixe, par 127, nombre fixe, multiplié par le change d'Amsterdam sur Auguste, et par celui de Paris sur Auguste.

	127	40000000
	110	4027250
		429975
		16
	1270	2579850
	127	429975
	13970	6879600
	51 $\frac{1}{2}$	404505
	13970	
	69850	
	6985	
Div.	719455	
Rép.	55 $\frac{9}{16}$	

PARIS ET AMSTERDAM

PAR BRESLAU.

ON veut savoir à combien reviendra le change entre Paris et Amsterdam, en ordonnant à cette derniere Place de tirer sur Breslau à 33 sols communs banco pour une rixdalle, et à Breslau de prendre son rembours sur Paris à 85 rixdalles pour 100 écus de 3 livres.

INSTRUCTION.

Multipliez le change de Breslau sur Paris, par celui d'Amsterdam sur Breslau, et divisez le produit par 50, nombre fixe.

		85
	Par	33
		255
		255
Div. 50		2805
Rép. $56 \frac{1}{16}$		305
		5
		16
		80
		30

PARIS ET AMSTERDAM

PAR TURIN.

On veut savoir à combien reviendra le change entre Paris et Amsterdam, en ordonnant à Turin de remettre à Amsterdam, à 35 ½ sols de Piémont pour un florin banco ; et de prendre son remboursur Paris à 50 sols de Piémont pour un écu de 3 livres.

INSTRUCTION.

Multipliez 40, nombre fixe, par le change de Turin sur Paris, et divisez le produit par celui de Turin sur Amsterdam.

			40
		Par	50
	35 ½		2000
	2		2 Fr.
Div.	71		4000
Rép.	56 $\frac{5}{16}$		450
			24
			16
			384
			29

PARIS ET AMSTERDAM

PAR FRANCFORT.

On veut savoir à combien reviendra le change entre Paris et Amsterdam, en ordonnant à Francfort de remettre à Amsterdam à 148 rixdalles pour 100 rixdalles banco, et de prendre son rembours sur Paris à 81 rixdalles pour 100 écus de 3 livres.

INSTRUCTION.

Multipliez 100, nombre fixe, par le change de Francfort sur Paris, et divisez le produit par celui de Francfort sur Amsterdam.

100
Par 81

8100
700
108
16

648
108

1728
248
100

Div. 148

Rep. $54\frac{11}{12}$

RÉCAPITULATION DES ÉGALITÉS ENTRE PARIS ET AMSTERDAM.

PAR Londres vient	$54\frac{11}{16}$	Geneve. . . .	$54\frac{3}{4}$
Cadix et Madrid	$54\frac{3}{8}$	Venise. . . .	$54\frac{7}{8}$
Hambourg *bon pour remettre*. . .	$57\frac{1}{4}$	Vienne. . . .	$55\frac{5}{8}$
		Auguste. . . .	$55\frac{9}{16}$
Livourne et Gênes:	$55\frac{5}{8}$	Breslau. . . .	$55\frac{1}{16}$
Lisbonne *bon pour tirer*. . . .	$53\frac{1}{8}$	Turin. . . .	$56\frac{5}{18}$
		Francfort . . .	$54\frac{11}{16}$
Paris pour Amsterdam, supposé. . . .			$56\frac{1}{2}$

Premiere application pour remettre.

Si un Négociant de Paris avoit des fonds à remettre à Amsterdam pour son compte, ou des retours pour compte d'ami, au lieu de faire la remise en papier sur ladite Place, en donnant un écu de 3 livres pour recevoir $56\frac{1}{2}$ deniers de gros, il doit prendre du papier sur Hambourg à 178, et le remettre à Amsterdam pour y être négocié à 34; par cette remise, il s'établira un change de $57\frac{1}{4}$; c'est-à-dire, qu'il recevra $57\frac{1}{4}$ deniers de gros pour un écu de 3 livres qu'il donnera.

Seconde application pour tirer.

Si ce même Négociant de Paris avoit à tirer sur Amsterdam, au lieu de le faire à droiture, en donnant $56\frac{1}{2}$ deniers de gros pour recevoir un écu de 3 livres, il doit ordonner à Amsterdam de remettre pour son compte à Lisbonne à 46, et ordonner à cette derniere Place d'en faire le retour sur Paris à 462, (ou tirer lui-même sur Lisbonne au dit prix;) par cette circulation, il s'établira un change de $53\frac{1}{8}$; c'est-à-dire, qu'il ne donnera que $53\frac{1}{8}$ deniers de gros pour un écu de 3 livres qu'il recevra.

OBSERVATIONS

OBSERVATIONS,

Pour placer les frais suivant les cas où la France donne le certain ou l'incertain.

LORSQUE l'on cherche le change d'une Place à laquelle Paris donne le prix *certain*, (comme Paris et Amsterdam) et qu'on veut faire entrer les frais dans l'opération ; si on les suppose à 1 pour 100, il faut les placer dans la colonne des *antécèdens*, dans le cas d'une remise, en disant, si 100 sont réduits à 99, combien, etc.

Et dans le cas d'une traite, dans la colonne des *conséquens*, en disant, si 99 font 100, combien, etc.

Mais au contraire, si Paris donne le prix *incertain* (comme Paris et Livourne) dans le cas d'une remise, les frais doivent être placés dans la colonne des *conséquens*, en disant, si 99 font 100, combien, etc.

Et dans le cas d'une traite, dans la colonne des *antécèdens*, en disant, si 100 sont réduits à 99, combien, etc.

PREMIER CAS,

Pour calculer la provision sur une remise d'une Place qui donne le certain.

PARIS ET AMSTERDAM PAR HAMBOURG.

PARIS remet à Amsterdam du papier sur Hambourg à 178 ; Amsterdam le négocie à 34, et passe 1 pour 100 pour provision, etc. On veut savoir à combien revient cette remise pour Paris ; c'est-à-dire, combien de deniers de gros pour 1 écu de 8 livres.

Nombres antécédens.	*Nombres conséquens.*
Si 1 écu vaut	3 livres ,
178 livres	1~~00~~ marcs ,
~~2~~ marcs	1 déalder ,
1 déalder	34 sols communs,
1 sol commun	~~2~~ den. de gros ,
1~~00~~ den. sont réduits à . .	99
combien de den. de gros pour . .	1 écu.

```
            3
           34
          ----
          102
           99
          ----
Div .178   918
Rép. 56 11/16  918
          -----
         10098
          1198
           130
            16
          -----
          2080
           300
           122
```

SECOND CAS,

Pour calculer la provision sur une traite d'une Place qui donne le certain.

PARIS ET LONDRES.

PAR CADIX.

PARIS tire sur Londres à 31 $\frac{1}{4}$, avec ordre à Londres de prendre son rembours sur Cadix à 40, en y ajoutant 1 pour 100 pour sa provision, etc. On veut savoir à combien revient cette traite pour Paris ; c'est-à-dire, combien de livres, sols et deniers pour une pistole de quatre piastres.

Nombres antécédens.	*Nombres conséquens.*
Si 1 pistole vaut	4 piastres,
1 piastre	40 den. sterlings*;
31 $\frac{1}{4}$ den. sterlings	8 livres,
3300 livres en font . . .	100 avec les frais,
combien de livres pour	1 pistole.

```
                                 40
                                  4
                                 ---
                                 160
                                  100
                                 -----
    31 1/4                       16000
     4                              4 Fr.
    ---                          -----
    125                          64000
     33                          22750
    ---                          2125
    375                            20
   375                           -----
Div. 4125                        42500
Rep. 15 l. 10 s. 3 d.             1250
                                   12
                                 -----
                                 15000
                                 2625
```

TROISIEME CAS,

Pour calculer la provision sur une remise d'une Place qui donne l'incertain.

PARIS ET LIVOURNE PAR LONDRES.

PARIS remet à Livourne du papier sur Londres à 31 $\frac{1}{4}$; Livourne le négocie à 50, et passe 1 pour 100 pour provision, etc. On veut savoir à combien revient cette remise pour Paris; c'est-à-dire, combien de sols pour une piastre.

Nombres antécédens.	*Nombres conséquens.*
Si 1 piastre vaut.	50 den. sterlings,
31 $\frac{1}{4}$ den. sterlings. . .	20$\not{0}\not{0}$ sols,
33$\not{0}\not{0}$ sols en font . . .	100 avec les frais,
combien de sols pour	1 piastre.

	50
	20
	1000
	100
31 $\frac{1}{4}$	100000
4	4 Fr.
125	400000
33	28750
375	4000
375	16
Div. 4125	64000
Rép. 96 $\frac{15}{16}$	22750
	2125

QUATRIEME CAS,

Pour calculer la provision sur une traite d'une Place qui donne l'incertain.

PARIS ET HAMBOURG
PAR VENISE.

PARIS tire sur Hambourg à 178, avec ordre à Hambourg de prendre son rembours sur Venise à 88 ½, en y ajoutant 1 pour 100 pour sa provision, etc. On veut savoir à combien revient cette traite pour Paris, c'est-à-dire, combien de ducats banco pour 300 livres.

Nombres antécédens.	*Nombres conséquens.*
Si 178 livres font	1φφ marcs,
1 marc	32 den. de gros,
88 ½ den. de gros	1 ducat,
1φφ ducats sont réduits . . à	99
combien de ducats pour	300 livres.

	32
	99
	288
	288
178	3168
88 ½	300
1424	950400
1424	5220
89	16
Div. 15753	83520
Rép. 60 $\frac{5}{16}$	4755

PARIS ET LONDRES.

Pair d'un écu de 3 livres en deniers sterlings.

Places.	*Cours de Paris.*	*Cours de Londres.*
Londres . . .	31 ¼	
Amsterdam . .	56 ½ . . .	36. 2
Cadix et Madrid	15 l. 4 s.	39
Livourne . . .	96 . . .	49
Gênes	95 . . .	48
Lisbonne . .	462 . . .	66
Geneve . . .	168 . . .	54 (*a*)
Venise . . .	60 ½ . . .	50
Hambourg . .	178 . . .	34. 9
Vienne . . .	51 . . .	9 fl. 12 cr. (*b*)
Turin	50 . . .	19 l. 11 s. (*c*)
Francfort . . .	81 . .	138 (*d*)

OBSERVATIONS.

Paris donne le prix certain à Londres; c'est-à-dire, un écu de 3 livres pour 31 ¼ deniers sterlings, plus ou moins; ainsi lorsque Paris aura à *remettre* à Londres, il doit se servir de la Place qui établira le plus haut change, parce qu'alors il recevra plus de deniers sterlings pour un écu de 3 livres qu'il donnera; et au contraire, lorsque Paris aura à *tirer* sur Londres, il doit se servir de la Place qui établira le plus bas change parce qu'alors il donnera moins de deniers sterlings pour un écu de 3 livres qu'il recevra.

(*a*) Cours de Geneve sur Londres.
(*b*) Cours de Vienne sur Londres.
(*c*) Cours de Turin sur Londres.
(*d*) Cours de Francfort sur Londres.

PARIS ET LONDRES

PAR AMSTERDAM.

On veut savoir à combien reviendra le change entre Paris et Londres, en remettant à cette derniere place du papier sur Amsterdam, pris à Paris à 56 $\frac{1}{2}$ deniers de gros banco pour un écu de 3 livres, et négocié à Londres à 36 sols 2 deniers de gros pour une livre sterling.

INSTRUCTION.

Multipliez 240, nombre fixe, par le change d'Amsterdam sur Paris, et divisez le produit par celui de Londres sur Amsterdam, multiplié par 12, nombre fixe.

	240
	Par 56 $\frac{1}{2}$
	1440
36--2	1200
12	120
Div. 434	13560
Rép. 31 $\frac{3}{16}$	540
	106
	16
	1696
	394

PARIS ET LONDRES

PAR CADIX ET MADRID.

ON veut savoir à combien reviendra le change entre Paris et Londres, en remettant à cette dernière Place du papier sur Cadix ou Madrid, pris à Paris à 15 livres 4 sols pour une pistole de 32 réaux platte-vieille, et négocié à Londres à 39 deniers sterlings pour une piastre de 8 réaux.

INSTRUCTION.

Multipliez 240, nombre fixe, par le change de Londres sur Cadix ou Madrid, et divisez le produit par celui de Paris sur Cadix ou Madrid, multiplié par 20, nombre fixe.

```
                              240
                        Par    39
                        ----------
                             2160
   15--4                      72
     20                 ----------
  ----------                 9360
  Div. 304                    240
  ----------                   16
  Rép. 30 12/16 ou 3/4  ----------
                             3840
                              800
                              192
```

LYON ET LONDRES

PAR CADIX ET MADRID.

ON veut savoir à combien reviendra le change entre Lyon et Londres, en remettant à cette dernière place du papier sur Cadix ou Madrid, pris à Lyon à 76 sols pour une piastre de 8 réaux, et négocié à Londres à 39 deniers sterlings pour la même piastre de 8 réaux.

INSTRUCTION.

Multipliez 60, nombre fixe, par le change de Londres sur Cadix ou Madrid, et divisez le produit par celui de Lyon sur Cadix ou Madrid.

```
                     60
               Par   39
              ---------
                    540
                   180
              ---------
Div. 76            2340
----------------     60
Rép. 30 12/16 ou 3/4 16
              ---------
                    960
                    200
                     48
```

PARIS ET LONDRES
PAR LIVOURNE ET GÊNES.

On veut savoir à combien reviendra le change entre Paris et Londres, en remettant à cette derniere Place du papier sur Livourne ou Gênes, pris à Paris à 96 sols pour une piastre, et négocié à Londres à 49 deniers sterlings pour une piastre.

INSTRUCTION.

Multipliez 60, nombre fixe, par le change de Londres sur Livourne ou Gênes, et divisez le produit par celui de Paris sur Livourne ou Gênes.

	60
	Par 49
	540
	240
Div. 96	2940
Rép. 30 $\frac{10}{16}$ ou $\frac{5}{8}$	60
	16
	960
	00

PARIS ET LONDRES
PAR LISBONNE.

ON veut savoir à combien reviendra le change entre Paris et Londres, en remettant à cette derniere Place du Papier sur Lisbonne, pris à Paris à 462 rez, pour un écu de 3 livres, et négocié à Londres à 66 deniers sterlings pour 1000 rez.

INSTRUCTION.

Multipliez le change de Paris sur Lisbonne par celui de Londres sur Lisbonne, et divisez le produit par 1000, nombre fixe.

	462
	Par 66
	2772
	2772
Div. 1|000	30|492
Rép. 30 $\frac{7}{16}$	16
	2952
	492
	7|872

PARIS ET LONDRES

PAR GENEVE.

ON veut savoir à combien reviendra le change entre Paris et Londres, en ordonnant à Geneve de remettre à Londres à 54 deniers sterlings pour un écu de 3 livres courantes, et de prendre son rembours sur Paris à 168 pour 100 livres courantes.

INSTRUCTION.

Multipliez 100, nombre fixe, par le change de Geneve sur Londres, et divisez le produit par celui de Geneve sur Paris.

			100
		Par	54
			5400
Div.	168		360
Rép.	32 $\frac{2}{16}$ *ou* $\frac{1}{8}$		24
			16
			384
			48

PARIS ET LONDRES PAR VENISE.

ON veut savoir à combien reviendra le change entre Paris et Londres, en remettant à cette derniere Place du papier sur Venise, pris à Paris à 60 ½ ducats banco, pour 100 écus de 3 livres, et négocié à Londres à 50 deniers sterlings pour un ducat banco.

INSTRUCTION.

Multipliez le change de Venise sur Paris, par celui de Londres sur Venise, et divisez le produit par 100, nombre fixe.

	60 ½
	Par 50
Div. 1|00	30|25
Rep. 30 4/16 ou ¼	16
	4|00

PARIS ET LONDRES PAR HAMBOURG.

ON veut savoir à combien reviendra le change entre Paris et Londres, en remettant à cette dernière Place du papier sur Hambourg, pris à Paris à 178 livres pour 100 marcs lubs banco, et négocié à Londres à 34 sols 9 deniers banco, pour une livre sterling.

INSTRUCTION.

Divisez 192000, nombre fixe, par le change de Paris sur Hambourg, multiplié par celui de Londres sur Hambourg.

	178	192000
	34--9d.	2 Fr.
	712	384000
	534	12870
	89	499
	44 ½	16
	6185 ½	2994
	2	499
Div.	12371	7984
Rép.	31	

PARIS ET LONDRES PAR VIENNE.

On veut savoir à combien reviendra le change entre Paris et Londres, en ordonnant à Vienne de remettre à Londres à 9 florins 12 creutzers pour une livre sterling, et de prendre son rembours sur Paris à 51 sols pour un florin de 60 creutzers.

INSTRUCTION.

Divisez 864000, nombre fixe, par le change de Vienne sur Londres, réduit en creutzers, et multiplié par celui de Vienne sur Paris.

	9-12	864000
	60	19440
	552	16
	51	116640
	552	19440
	2760	311040
Div.	28152	29520
Rep.	30 $\frac{11}{16}$	1368

PARIS ET LONDRES

PAR TURIN.

ON veut savoir à combien reviendra le change entre Paris et Londres, en ordonnant à Turin de remettre à Londres à 19 livres 11 sols de Piémont pour une livre-sterling, et de prendre son rembours sur Paris, à 50 sols de Piémont pour un écu de 3 liv.

INSTRUCTION.

Multipliez 240, nombre fixe, par le change de Turin sur Paris, et divisez le produit par celui de Turin sur Londres, multiplié par 20, nombre fixe.

			240
		Par	50
			12000
	19--11		270
	20		16
Div.	391		1620
Rép.	30 $\frac{11}{16}$		270
			4320
			410
			19

PARIS

PARIS ET LONDRES

PAR FRANCFORT.

On veut savoir à combien reviendra le change entre Paris et Londres, en ordonnant à Francfort de remettre à Londres à 138 batz pour une livre sterling, et de prendre son rembours sur Paris à 81 rixdalles pour 100 écus de 3 livres.

INSTRUCTION.

Multipliez 270, nombre fixe, par le change de Francfort sur Paris, et divisez le produit par celui de Francfort sur Londres, multiplié par 5, nombre fixe.

	270
	Par 81
	270
138	2160
5	
Div. 690	21870
Rép. 31 $\frac{11}{16}$	1170
	480
	16
	2880
	480
	7680
	780
	90

RÉCAPITULATION DES ÉGALITÉS ENTRE PARIS ET LONDRES.

PAR Amsterdam	vient	31 $\frac{3}{16}$
Cadix et Madrid		30 $\frac{3}{4}$
Livourne et Gênes		30 $\frac{5}{8}$
Lisbonne		30 $\frac{7}{16}$
Geneve, *bon pour remettre*		32 $\frac{1}{8}$
Venise, *bon pour tirer*		30 $\frac{1}{4}$
Hambourg		31
Vienne		30 $\frac{11}{16}$
Turin		30 $\frac{11}{16}$
Francfort		31 $\frac{11}{16}$
Paris pour Londres, supposé		31 $\frac{1}{4}$

Premiere application pour remettre.

Si un Négociant de Paris avoit des fonds à remettre à Londres pour son compte ou des retours pour compte d'ami, au lieu de faire la remise en papier sur ladite Place, en donnant un écu de 3 livres pour recevoir 31 $\frac{1}{4}$ deniers sterlings, il doit ordonner à Geneve de remettre à Londres pour son compte à 54, et prendre son rembours sur Paris à 168 ; par cette remise, il s'établira un change de 32 $\frac{1}{8}$ c'est-à-dire qu'il recevra 32 $\frac{1}{8}$ deniers sterlings pour un écu de 3 livres qu'il payera.

Seconde application pour tirer.

Si ce même négociant de Paris avoit à tirer sur Londres, au lieu de le faire à droiture en donnant 31 $\frac{1}{4}$ deniers sterlings pour recevoir un écu de 3 liv., il doit ordonner à Londres de remettre pour son compte à Venise à 50, et à cette derniere place d'en faire le retour sur Paris à 60 $\frac{1}{2}$; par cette circulation, il s'établira un change de 30 $\frac{1}{4}$; c'est-à-dire qu'il ne donnera que 30 $\frac{1}{4}$ deniers sterlings pour un écu de 3 livres qu'il recevra.

PARIS ET HAMBOURG.

Pair de 100 marcs lubs banco en livres.

Places.	*Cours de Paris.*	*Cours d'Amsterdam.*
Hambourg	180	
Amsterdam	56 ½	34 ¼
Cadix et Madrid	15 l. 4 s.	91 ½
Livourne	96	86 ¼
Lisbonne	462	44
Venise	60	87 ¾
Londres	31 ¼	34
Vienne	51	140 ¼
Breslau	84	150

OBSERVATION.

Paris donne le prix incertain à Hambourg ; c'est-à-dire 180 livres plus ou moins pour 100 marcs lubs banco, ainsi lorsque Paris aura à *remettre* à Hambourg, il doit se servir de la Place qui établira le plus bas change, parce qu'alors il donnera moins de livres pour 100 marcs lubs qu'il recevra, et au contraire, lorsque Paris aura à *tirer* sur Hambourg, il doit se servir de la place qui établira le plus haut change, parce qu'alors il recevra plus de livres pour 100 marcs qu'il fera payer à Hambourg.

PARIS ET HAMBOURG

PAR AMSTERDAM.

On veut savoir à combien reviendra le change entre Paris et Hambourg, en remettant à cette dernière Place du papier sur Amsterdam pris à Paris à $56\frac{1}{2}$ deniers de gros banco, et négocié à Hambourg, à $34\frac{1}{4}$ sols communs banco pour un déalder.

INSTRUCTION.

Multipliez 300, nombre fixe, par le change d'Hambourg sur Amsterdam, et divisez le produit par celui de Paris sur Amsterdam.

	300
	Par $34\frac{1}{4}$
	10200
	75
$56\frac{1}{2}$	10275
2	2 Fr.
Div. 113	20550
Rép. $181\frac{13}{16}$	925
	210
	97
	16
	582
	97
	1552
	422
	83

PARIS ET HAMBOURG

PAR CADIX ET MADRID.

ON veut savoir à combien reviendra le change entre Paris et Hambourg, en remettant à cette derniere place du papier sur Cadix ou Madrid, pris à Paris à 15 l. 4 sols pour une pistole de 32 réaux de platte-vieille, et négocié à Hambourg à 91 ½ deniers de gros banco pour un ducat de 375 maravedis.

INSTRUCTION.

Multipliez 18750, nombre fixe, par le change de Paris sur Cadix ou Madrid, et divisez le produit par 17, nombre fixe, multiplié par le change d'Hambourg sur Cadix ou Madrid.

	18750
	Par 15--4
17	93750
91 ½	18750
17	3750
1538 ½	285000
1555 ½	2 Fr.
2	570000
Div. 3111	25890
Rép. 183 3/16	10020
	687
	16
	4122
	687
	10992
	1659

LYON ET HAMBOURG

PAR CADIX ET MADRID.

On veut savoir à combien reviendra le change entre Lyon et Hambourg, en remettant à cette derniere Place du papier sur Cadix ou Madrid, pris à Lyon à 76 sols pour une piastre de 8 réaux platte-vieille, et négocié à Hambourg à 91 ½ deniers de gros banco pour un ducat de 375 maravedis.

INSTRUCTION.

Multipliez 3750, nombre fixe, par le change de Lyon sur Cadix ou Madrid, et divisez le produit par 17, nombre fixe, multiplié par le change d'Hambourg sur Cadix ou Madrid.

	3750
Par	76
	22500
	26250
	285000
	2 Fr.
	570000
	25890
	10020
	687
	16
	4122
	687
	10992
	1659

	17
	91 ½
	17
	1538 ½
	1555 ½
	2
Div.	3111
Rép.	183 $\frac{3}{16}$

PARIS ET HAMBOURG

PAR LIVOURNE.

On veut savoir à combien reviendra le change entre Paris et Hambourg, en ordonnant à Livourne de remettre à Hambourg à 86 $\frac{1}{4}$ deniers de gros banco pour une piastre, et de prendre son rembours sur Paris à 96 sols pour une piastre.

INSTRUCTION.

Multipliez 160, nombre fixe, par le change de Paris sur Livourne, et divisez le produit par celui d'Hambourg sur Livourne.

86 $\frac{1}{4}$
4
Div. 345
Rép. 178 $\frac{1}{16}$

160
Par 96
960
1440
15360
4 Fr.
61440
2694
2790
30
16
480
135

PARIS ET HAMBOURG

PAR LISBONNE.

ON veut savoir à combien reviendra le change entre Paris et Hambourg, en remettant à cette derniere Place du papier sur Lisbonne, pris à Paris à 462 rez pour un écu de 3 livres, et négocié à Hambourg à 44 deniers de gros pour une creusade.

INSTRUCTION.

Divisez 3840000, nombre fixe, par le change de Lisbonne sur Paris, multiplié par celui d'Hambourg sur Lisbonne.

	3840000
	180720
462	180960
44	18336
1848	16
1848	110016
Div. 20328	18336
Rép. 188 $\frac{14}{16}$ ou $\frac{7}{8}$	293376
	90096
	8784

PARIS ET HAMBOURG

PAR VENISE.

ON veut savoir à combien reviendra le change entre Paris et Hambourg, en remettant à cette derniere Place du papier sur Venise, pris à Paris à 60 ducats banco pour 300 livres, et négocié à Hambourg à 37 $\frac{1}{4}$ deniers de gros pour un ducat banco.

INSTRUCTION.

Divisez 960000, nombre fixe, par le change d'Hambourg sur Venise, multiplié par celui de Paris sur Venise.

	960000
87 $\frac{1}{4}$	43650
60	17700
5220	1995
15	16
Div. 5235	11970
Rép. 183 $\frac{6}{16}$ ou $\frac{3}{8}$	1995
	31920
	510

PARIS ET HAMBOURG

PAR LONDRES.

ON veut savoir à combien reviendra le change entre Paris et Hambourg, en remettant à cette derniere Place du papier sur Londres, pris à Paris à 31 $\frac{1}{4}$ deniers sterlings pour un écu de 3 livres, et négocié à Hambourg à 34 sols de gros pour une livre sterling.

INSTRUCTION.

Divisez 192000, nombre fixe, par le change d'Hambourg sur Londres, multiplié par celui de Paris sur Londres.

34	192000
31 $\frac{1}{4}$	2 Fr.
34	384000
1028 $\frac{1}{2}$	17150
1062 $\frac{1}{2}$	1500
2	16
Div. 2125	24000
Rép. 180 $\frac{11}{16}$	2750
	625

PARIS ET HAMBOURG

PAR VIENNE.

ON veut savoir à combien reviendra le change entre Paris et Hambourg, en remettant à cette derniere Place du papier sur Vienne, pris à Paris à 51 sols pour un florin courant, et négocié à Hambourg à 140 rixdalles courantes, pour 100 rixdalles banco.

INSTRUCTION.

Multipliez le change d'Hambourg sur Vienne ; par celui de Paris sur Vienne, et divisez le produit par 40, nombre fixe.

	140
	Par 51
	140
	700
Div. 40	7140
Rep. 178 $\frac{8}{16}$ *ou* $\frac{1}{2}$	314
	340
	20
	16
	320
	0

PARIS ET HAMBOURG

PAR BRESLAU.

ON veut savoir à combien reviendra le change entre Paris et Hambourg, en ordonnant à cette dernière Place de tirer sur Breslau à 150 rixdalles pour 100 rixdalles banco ; et à Breslau de prendre son rembours sur Paris à 84 rixdalles pour 100 écus de 3 livres.

INSTRUCTION.

Multipliez 100, nombre fixe, par le change d'Hambourg sur Breslau, et divisez le produit par celui de Breslau sur Paris.

			100
		Par	150
			5000
			100
Div.	84		15000
Rép.	178 $\frac{9}{16}$		660
			720
			48
			16
			288
			48
			768
			12

RÉCAPITULATION DES ÉGALITÉS ENTRE PARIS ET HAMBOURG.

PAR Amsterdam	vient	181 $\frac{13}{16}$
Cadix et Madrid		183 $\frac{3}{16}$
Livourne, *bon pour remettre* . .		178 $\frac{1}{16}$
Lisbonne, *bon pour tirer* . . .		188 $\frac{7}{8}$
Venise		183 $\frac{3}{8}$
Londres		180 $\frac{11}{16}$
Vienne		178 $\frac{1}{2}$
Breslau		178 $\frac{9}{16}$
Paris pour Hambourg supposé.		180

Premiere application pour remettre.

Si un négociant de Paris avoit des fonds à remettre à Hambourg pour son compte, ou des retours pour compte d'ami, au lieu de faire la remise en papier sur ladite place, en donnant 180 livres pour 100 marcs, il doit prendre sur Livourne à 96, et remettre ce papier à Hambourg pour y être négocié à 84 $\frac{1}{4}$; par cette remise il s'établira un change de 178 $\frac{1}{16}$, c'est-à-dire, qu'il ne payera que 178 $\frac{1}{16}$ livres pour 100 marcs qu'il recevra.

Seconde application pour retirer.

Si ce même négociant de Paris avoit à tirer sur Hambourg, au lieu de le faire à droiture en donnant 100 marcs pour recevoir 180 livres, il doit ordonner à Hambourg de remettre pour son compte à Lisbonne à 44, et ordonner à cette Place d'en faire le retour sur Paris, (ou tirer lui-même sur Lisbonne audit prix); par cette circulation, il s'établira un change de 188 $\frac{7}{8}$, c'est-à-dire, qu'il recevra 188 $\frac{7}{8}$ livres pour 100 marcs qu'il fera payer à Hambourg.

PARIS ET HAMBOURG.

Pair d'un écu de 3 livres en sols lubs.

Places.	*Cours de Paris.*	*Cours de Hambourg.*
Hambourg pour Paris		26 ½
Amsterdam	56 ½	34 ¼
Cadix et Madrid	15 l. 4 s.	91 ½
Livourne	96	86 ¼
Lisbonne	462	44
Venise	60	87 ¼
Londres	31 ¼	34
Vienne.	51	140 ¼
Breslau	84	150

OBSERVATIONS.

Paris donne le *certain* à Hambourg, c'est-à-dire, un écu de 3 livres pour 26 ½ sols lubs plus ou moins; ainsi lorsque Paris aura à *remettre* à Hambourg, il doit se servir de la Place qui établira le plus haut change, parce qu'alors il recevra plus de sols lubs pour un écu de 3 livres qu'il donnera, et au contraire, lorsque Paris aura à *tirer* sur Hambourg, il doit se servir de la place qui établira le plus bas change, parce qu'alors il donnera moins de sols lubs pour un écu de 3 livres qu'il recevra.

PARIS ET HAMBOURG

PAR AMSTERDAM.

On veut savoir à combien reviendra le change entre Paris et Hambourg, en remettant à cette derniere Place du papier sur Amsterdam, pris à Paris à 56 $\frac{1}{2}$ deniers de gros, pour un écu de 3 livres, et négocié à Hambourg à 34 $\frac{1}{4}$ sols communs banco pour un déalder.

INSTRUCTION.

Multipliez 16, nombre fixe, par le change de Paris sur Amsterdam, et divisez le produit par celui d'Hambourg sur Amsterdam.

34 $\frac{1}{4}$	16
4	56 $\frac{1}{2}$
Div. 137	96
Rép. 26 $\frac{6}{16}$ *ou* $\frac{3}{8}$	808
	904
	4 Fr.
	3616
	876
	54
	16
	864
	42

PARIS ET HAMBOURG

PAR CADIX OU MADRID.

ON veut savoir à combien reviendra le change entre Paris et Hambourg, en remettant à cette derniere place du papier sur Cadix ou Madrid, pris à Paris à 15 livres 4 sols pour une pistole de 32 réaux platte-vieille, et négocié à Hambourg à 91 $\frac{1}{2}$ deniers de gros banco pour un ducat de 375 maravedis.

INSTRUCTION.

Multipliez 544, nombre fixe, par le change de Hambourg sur Cadix ou Madrid, et divisez le produit par 125, nombre fixe, multiplié par le change de Paris sur Cadix ou Madrid.

125	544
15--4	Par 91 $\frac{1}{2}$
625	544
125	4896
25	272
Div. 1900	49776
Rép. 26 $\frac{3}{10}$	11776
	376
	16
	2256
	376
	6016
	316

PARIS

LYON ET HAMBOURG
PAR CADIX OU MADRID.

On veut savoir à combien reviendra le change entre Lyon et Hambourg, en remettant à cette derniere Place du papier sur Cadix ou Madrid, pris à Lyon à 76 sols pour une piastre de 8 réaux platte-vieille, et négocié à Hambourg à 91 $\frac{1}{2}$ deniers de gros pour un ducat de 375 maravedis.

INSTRUCTION.

Multipliez 544, nombre fixe, par le change d'Hambourg sur Cadix ou Madrid, et divisez le produit par 25, nombre fixe, multiplié par le change de Lyon sur Cadix ou Madrid.

		544
		Par 91 $\frac{1}{2}$
	25	544
	76	4896
	150	272
	175	49776
Div.	1900	11776
Rép.	26 $\frac{3}{16}$	376
		16
		2256
		376
		6016
		316

PARIS ET HAMBOURG
PAR LIVOURNE.

On veut savoir à combien reviendra le change entre Paris et Hambourg, en ordonnant à Livourne de remettre à Hambourg à 86 $\frac{1}{4}$ deniers de gros pour une piastre, et de prendre son rembours sur Paris à 96 sols pour la même piastre.

INSTRUCTION.

Multipliez 30, nombre fixe, par le change d'Hambourg sur Livourne, et divisez le produit par celui de Paris sur Livourne.

			30
		Par	86 $\frac{1}{4}$
			180
			2407 $\frac{1}{2}$
Div.	96		2587 $\frac{1}{2}$
Rép.	26 $\frac{15}{16}$		667
			91
			16
			546
			918
			1464
			504
			24

PARIS ET HAMBOURG
PAR LISBONNE.

ON veut savoir à combien reviendra le change entre Paris et Hambourg, en remettant à cette derniere Place du papier sur Lisbonne, pris à Paris à 462 rez pour un écu de 3 livres, et négocié à Hambourg à 44 deniers de gros pour une creusade.

INSTRUCTION.

Multipliez le change de Paris sur Lisbonne par celui d'Hambourg sur Lisbonne, et divisez le produit par 800, nombre fixe.

```
                        462
                   Par   44
                   --------
                       1848
                      1848
                   --------
Div.   800            20328
---------------        4328
Rép.   25 6/11 ou 5/8   328
                         16
                   --------
                       1968
                       328
                   --------
                       5248
                        448
```

PARIS ET HAMBOURG
PAR VENISE.

On veut savoir à combien reviendra le change entre Paris et Hambourg, en remettant à cette derniere Place du papier sur Venise, pris à Paris à 60 ducats banco pour 300 livres, et négocié à Hambourg à 87 $\frac{1}{4}$ deniers de gros pour un ducat banco.

INSTRUCTION.

Multipliez le change de Paris sur Venise par celui d'Hambourg sur Venise, et divisez le produit par 200, nombre fixe.

		60
	Par	87 $\frac{1}{4}$
		420
		480
Div.	200	15
Rép.	26 $\frac{2}{16}$ *ou* $\frac{1}{8}$	5235
		1235
		35
		16
		560
		160

PARIS ET HAMBOURG PAR LONDRES.

ON veut savoir à combien reviendra le change entre Paris et Hambourg en remettant à cette dernière Place du papier sur Londres, pris à Paris à 31 $\frac{1}{4}$ deniers sterlings pour un écu de 3 livres, et négocié à Hambourg à 34 sols de gros pour une livre sterling.

INSTRUCTION.

Multipliez le change de Paris sur Londres, par celui d'Hambourg sur Londres, et divisez le produit par 40, nombre fixe.

			31 $\frac{1}{4}$
		Par	34
			124
			938 $\frac{1}{2}$
Div.	40		1062 $\frac{1}{2}$
Rép.	26 $\frac{9}{16}$,		262
			22
			16
			360
			00

PARIS ET HAMBOURG

PAR VIENNE.

ON veut savoir à combien reviendra le change entre Paris et Hambourg, en remettant à cette derniere Place du papier sur Vienne, pris à Paris à 51 sols pour un florin courant, et négocié à Hambourg à 140 rixdalles courantes pour 100 rixdalles banco.

INSTRUCTION.

Divisez 192000, nombre fixe, par le change de Paris sur Vienne, multiplié par celui d'Hambourg sur Vienne.

51	19200|0
140	4920
2040	636
51	16
Div. 714|0	10176
Rép. 26 $\frac{14}{16}$ *ou* $\frac{7}{8}$	3036
	180

PARIS ET HAMBOURG

PAR BRESLAU.

ON veut savoir à combien reviendra le change entre Paris et Hambourg, en ordonnant à cette derniere Place de tirer sur Breslau à 150 rixdalles pour 100 rixdalles banco, et à Breslau de prendre son rembours sur Paris à 84 rixdalles pour 100 écus de 3 livres.

INSTRUCTION.

Multipliez 48, nombre fixe, par le change de Breslau sur Paris, et divisez le produit par celui d'Hambourg sur Breslau.

			48
		Par	84
			192
Div.	150		394
Rép.	26 $\frac{14}{16}$ *ou* $\frac{7}{8}$		4032
			1032
			132
			16
			2112
			612
			12

RÉCAPITULATION DES ÉGALITÉS
ENTRE PARIS ET HAMBOURG.

PAR Amsterdam . . . . vient 26 $\frac{3}{8}$
— Cadix et Madrid. . . . . 26 $\frac{3}{16}$
Livourne, *bon pour remettre.* . . . . 26 $\frac{15}{16}$
Lisbonne, *bon pour tirer.* . . . . . . 25 $\frac{3}{8}$
Venise. . . . . 26 $\frac{1}{8}$
Londres. . . . . 26 $\frac{9}{16}$
Vienne. . . . . 26 $\frac{7}{8}$
Breslau. . . . . 26 $\frac{7}{8}$
Hambourg pour Paris, supposé. . . . 26 $\frac{1}{2}$

Premiere application pour remettre.

Si un Négociant de Paris avoit des fonds à remettre à Hambourg pour son compte, ou des retours pour compte d'ami, au lieu de faire la remise en papier sur ladite Place, en donnant un écu de 3 livres pour recevoir 26 $\frac{1}{2}$ sols lubs, il doit ordonner à Livourne de remettre à Hambourg à 86 $\frac{1}{4}$, et prendre son rembours sur Paris à 96 : par cet ordre il s'établira un change de 26 $\frac{15}{16}$; c'est-à-dire, qu'il recevra 26 $\frac{15}{16}$ sols lubs pour un écu de 3 livres qu'il donnera.

Seconde application pour tirer.

Si ce même négociant de Paris avoit à tirer sur Hambourg, au lieu de le faire à droiture en donnant 26 $\frac{1}{2}$ sols lubs pour recevoir un écu de 3 livres, il doit ordonner à Hambourg de remettre à Lisbonne à 44; et à cette derniere place d'en faire le retour sur Paris à 462, (ou tirer lui-même sur Lisbonne audit prix), par cet ordre il s'établira un change de 25 $\frac{3}{8}$ sols lubs pour un écu de 3 livres qu'il recevra.

PARIS ET AUGUSTE.

Pair d'un florin courant en sols Tournois.

Places.	*Cours de Paris.*	*Cours d'Auguste.*
Auguste.	51	
Amsterdam.	56 $\frac{1}{2}$	108
Hambourg.	178	111
Venise.	60 $\frac{1}{3}$	100

On ne donne ici que les combinaisons de trois Places entre Paris et Auguste, qui sont celles avec lesquelles Auguste change en monnoie de change, qui differe de 27 pour cent de la monnoie courante. Ceux qui auront besoin des autres combinaisons, en trouveront les opérations à l'article de Paris et Vienne, page 72, ainsi que les instructions pour connoître la Place qui convient le mieux pour la remise et pour la traite.

PARIS ET AUGUSTE

PAR AMSTERDAM.

On veut savoir à combien reviendra le change entre Paris et Auguste, en remettant à cette derniere Place du papier sur Amsterdam, pris à Paris à 56 ½ deniers de gros pour un écu de 60 sols, et négocié à Auguste à 108 rixdalles de change pour 100 rixdalles banco.

INSTRUCTION.

Divisez 40000000, nombre fixe, par 127, nombre fixe, multiplié par le change d'Auguste sur Amsterdam, et par celui de Paris sur Amsterdam.

127	
108	
1016	40000000
127	1252300
13716	477346
56 ½	16
82296	2864076
68580	477346
6858	7637536
Div. 774954	662950
Rép. 51 $\frac{9}{16}$	

PARIS ET AUGUSTE

PAR HAMBOURG.

ON veut savoir à combien reviendra le change entre Paris et Auguste, en remettant à cette derniere Place du papier sur Hambourg, pris à Paris à 178 livres pour 100 marcs lubs banco, et négocié à Auguste à 111 rixdalles de change pour 100 rixdalles banco.

INSTRUCTION.

Multipliez 4000, nombre fixe, par le change de Paris sur Hambourg, et divisez le produit par 127 nombre fixe, multiplié par le change d'Auguste sur Hambourg.

	4000
	Par 178
127	712000
111	7150
127	16
127	42900
127	7150
Div. 14097	114400
Rép. 50 $\frac{8}{16}$ *ou* $\frac{1}{2}$	1724

PARIS ET AUGUSTE

PAR VENISE.

On veut savoir à combien reviendra le change entre Paris et Auguste, en remettant à cette derniere Place du papier sur Venise, pris à Paris à 60 $\frac{1}{3}$ ducats banco pour 100 écus de 3 livres, et négocié à Auguste à 100 rixdalles de change pour 100 ducats banco.

INSTRUCTION.

Divisez 40000000, nombre fixe, par 127, nombre fixe, multiplié par le change d'Auguste sur Venise, et par celui de Paris sur Venise.

127	40000000
100	3 Fr.
12700	1200000|00
60 $\frac{1}{3}$	50650
762000	4676
4233 $\frac{1}{3}$	16
766233 $\frac{1}{3}$	28056
3	4676
Div. 22987|00	74816
Rép. 52 $\frac{3}{16}$	5855

PARIS ET AUGUSTE

Pair de 100 écus de 3 livres en florins courants.

Places.	*Cours de Paris.*	*Cours d'Auguste.*
Paris.	. . . . .	116
Amsterdam. . .	56 ½	110
Hambourg. . .	178	108
Venise. . . .	60 ⅓	99
Londres.. . .	31 ¼	8 fl. 40 c.
Livourne. . .	96	188 (*a*)
Milan.	55	68 (*b*)
Turin.	50	43 ½ (*c*)
Geneve. . .	168	130 (*d*)
Francfort. . .	81	94

Paris donne le prix certain à Auguste, c'est-à-dire, 100 écus de 3 livres pour 116 florins courants plus ou moins; ainsi, lorsque Paris aura à remettre à Auguste, il doit se servir de la place qui établira le plus *haut* change, parce qu'alors il recevra plus de florins courants pour 100 écus de 3 livres qu'il donnera; et au contraire, lorsque Paris aura à tirer sur Auguste, il doit se servir de la Place qui établira le plus *bas* change, parce qu'alors il donnera moins de florins courants pour 100 écus de 3 livres qu'il recevra.

(*a*) Cours de Livourne sur Auguste.
(*b*) Cours de Milan sur Auguste.
(*c*) Cours de Turin sur Auguste.
(*d*) Cours de Geneve sur Auguste.

PARIS ET AUGUSTE
PAR AMSTERDAM.

On veut savoir à combien reviendra le change entre Paris et Auguste, en remettant à cette derniere Place du papier sur Amsterdam, pris à Paris à 56 $\frac{1}{2}$ deniers de gros pour 1 écu de 3 livres, et négocié à Auguste, à 110 rixdalles de change pour 100 rixdalles banco.

INSTRUCTION.

Multipliez 381, nombre fixe, par le change de Paris sur Amsterdam, et par celui d'Auguste sur Amsterdam, et divisez le produit par 20000, nombre fixe.

```
                              381
                        Par    56 ½
                         ----------
                             2286
                            1905
                              190 ½
                         ----------
                            21526 ½
                              110
                         ----------
                           215260
                          21526
Div.      2000                 55
---------------------    ----------
Rép.      118 6/16 ou 3/8   2367915
                           36791
                           167915
                             7915
                               16
                         ----------
                            47490
                            7915
                         ----------
                           126640
                             6640
```

PARIS ET AUGUSTE

PAR LONDRES.

On veut savoir à combien reviendra le change entre Paris et Auguste, en remettant à cette derniere Place du papier sur Londres, pris à Paris à 31 $\frac{1}{4}$ deniers sterlings pour 1 écu de 3 livres, et négocié à Auguste à 8 florins 40 creutzers courants pour 1 livre sterling.

INSTRUCTION.

Multipliez le change d'Auguste (réduit en creutzers) sur Londres par celui de Paris sur Londres, et divisez le produit par 144, nombre fixe.

		8 fl. 40 cr.
		Par 60 cr.
		520
		31 $\frac{1}{4}$
		520
		1560
		130
		16250
Div.	144	185
Rép.	112 $\frac{13}{16}$	410
		122
		16
		732
		122
		1952
		512
		80

PARIS ET AUGUSTE

PAR HAMBOURG.

On veut savoir à combien reviendra le change entre Paris et Auguste, en remettant à cette derniere Place du Papier sur Hambourg, pris à Paris à 178 liv. pour 100 marcs lubs banco, et négocié à Auguste à 108 rixdalles de change pour 100 rixdalles banco.

INSTRUCTION.

Multipliez 381, nombre fixe, par le change d'Auguste sur Hambourg, et divisez le produit par celui de Paris sur Hambourg, multiplié par 2, nombre fixe.

			381
		Par	108
			3048
			381
	178		41148
	2		554
Div.	356		1988
Rép.	115 $\frac{2}{1}$		208
			16
			1248
			208
			3328
			124

PARIS

PARIS ET AUGUSTE PAR LIVOURNE.

ON veut savoir à combien reviendra le change entre Paris et Auguste, en ordonnant à Livourne de remettre à Auguste à 188 florins courants pour 100 piastres, et de prendre son rembours sur Paris à 96 sous pour 1 piastre.

INSTRUCTION.

Multipliez le change de Livourne sur Auguste par 60, nombre fixe, et divisez le produit par celui de Paris sur Livourne.

```
                              188
                         Par   60
                         ---------
                            11280
                            168
  Div.  96                   720
  -------------------         48
  Rép. 117 8/16 ou 1/2        16
                         ---------
                             288
                             48
                         ---------
                             768
                               0
```

PARIS ET AUGUSTE PAR VENISE.

On veut savoir à combien reviendra le change entre Paris et Auguste, en ordonnant à cette derniere Place de tirer sur Venise à 99 rixdalles de change pour 100 ducats banco, et à Venise de prendre son rembours sur Paris à 60 $\frac{1}{3}$ ducats banco pour 100 écus de 3 livres.

INSTRUCTION.

Multipliez 381, nombre fixe, par le change de Venise sur Paris, et par celui d'Auguste sur Venise, et divisez le produit par 2000, nombre fixe.

381
Par 60 $\frac{1}{3}$
22860
127
22987
99
Div. 20000 206883
Rép. 113 $\frac{12}{16}$ ou $\frac{3}{4}$ 206883
2275713
27571
75713
15713
16
94278
15713
251408
51408
51408
[illegible]1408

PARIS ET AUGUSTE
PAR MILAN.

On veut savoir à combien reviendra le change entre Paris et Auguste, en ordonnant à Milan de remettre à Auguste à 68 sous courants pour 1 florin courant, et de prendre son rembours sur Paris à 55 sous impériaux pour 1 écu de 3 livres.

INSTRUCTION.

Multipliez le change de Milan sur Paris par 7500, nombre fixe, et divisez le produit par celui de Milan sur Auguste, multiplié par 53, nombre fixe.

			7500
		Par	55
	68		37500
	53		375
	204		412500
	340		5210
Div.	3604		16060
Rép.	114 $\frac{7}{16}$		1644
			16
			26304
			1076

PARIS ET AUGUSTE
PAR TURIN.

ON veut savoir à combien reviendra le change entre Paris et Auguste, en ordonnant à Turin de remettre à Auguste à 43 $\frac{1}{2}$ sous de Piémont pour 1 florin courant, et de prendre son rembours sur Paris à 50 sous de Piémont pour 1 écu de 3 livres.

INSTRUCTION.

Multipliez 100, nombre fixe, par le change de Turin sur Paris, et divisez le produit par celui de Turin sur Auguste.

	100
	50
	5000
43 $\frac{1}{2}$	2 Fr.
2	10000
Div. 87	130
Rép. 114 $\frac{15}{16}$	430
	82
	16
	492
	82
	1312
	442
	7

PARIS ET AUGUSTE
PAR GENEVE.

ON veut savoir à combien reviendra le change entre Paris et Auguste, en ordonnant à Geneve de remettre à Auguste à 130 rixdalles courantes pour 300 livres courantes, et de prendre son rembours sur Paris à 168 livres pour 100 livres courantes.

INSTRUCTION.

Multipliez 150, nombre fixe, par le change de Geneve sur Auguste, et divisez le produit par celui de Geneve sur Paris.

		150
	Par	130
		4500
		150
		19500
Div.	168	270
Rép.	$116 \frac{1}{16}$	1020
		12
		16
		192
		24

PARIS ET AUGUSTE PAR FRANCFORT.

ON veut savoir à combien reviendra le change entre Paris et Auguste, en ordonnant à cette derniere Place de tirer sur Francfort, à 94 rixd. monnoie pour 100 rixd. courantes, et à Francfort de prendre son rembours sur Paris, à 81 rixdalles monnoie pour 100 écus de 3 livres.

INSTRUCTION.

Multipliez le change de Francfort sur Paris, par celui d'Auguste sur Francfort, ensuite par 3, nombre fixe, et divisez le produit par 200, nombre fixe.

			81
		Par	94
			324
			729
Div.	200		7614
			3
Rép.	114 $\frac{3}{16}$		22842
			284
			842
			42
			16
			672
			72

RÉCAPITULATION DES ÉGALITÉS, ENTRE PARIS ET AUGUSTE.

PAR Amsterdam, *bon pour remettre.* . . .	$118 \frac{3}{8}$
Londres, *bon pour tirer.*	$112 \frac{13}{16}$
Hambourg.	$115 \frac{9}{16}$
Livourne.	$117 \frac{1}{2}$
Venise.	$113 \frac{3}{4}$
Milan.	$114 \frac{7}{16}$
Turin.	$114 \frac{15}{16}$
Geneve.	$116 \frac{1}{16}$
Francfort.	$114 \frac{3}{16}$
Auguste pour Paris, supposé.	116

Premiere application pour remettre.

Si un négociant de Paris avoit des fonds à remettre à Auguste, au lieu que son ami de ladite Place tire sur lui au change de 116 florins courants, pour 100 écus de 3 livres, il doit prendre du papier sur Amsterdam à $56 \frac{1}{2}$, et le remettre à Auguste pour y être négocié à 110. Par cette remise il s'établira un change de $118 \frac{3}{8}$, c'est-à-dire, que son ami d'Auguste recevra $118 \frac{1}{8}$ florins pour 100 écus de 3 livres qu'il fera payer à Paris.

Seconde application pour tirer.

Si ce même négociant de Paris avoit des fonds à Auguste, au lieu que son ami lui en fit remise au change de 116 florins pour 100 écus de 3 livres, il doit lui ordonner de les remettre à Londres à 8 florins 40 creutzers, et à cette derniere Place d'en faire le retour sur Paris à $31 \frac{1}{4}$, (ou tirer lui-même sur Londres audit prix); par cette circulation il s'établira un change de $112 \frac{13}{16}$, c'est-à-dire, que son ami d'Auguste ne payera que $113 \frac{13}{16}$ florins pour 100 écus de 3 livres qu'il recevra.

PARIS ET VIENNE.

Pair d'un florin courant en sols Tournois.

Places.	Cours de Paris.	Cours de Vienne.
Vienne.	51	
Amsterdam.	56 ½	138
Londres.	31 ¼	9 fl. 4 c.
Livourne.	96	60
Hambourg.	178	140
Naples.	84	98
Venise.	60 ½	126
Rome.	103	120
Milan.	55	68
Turin.	50	43 ½
Francfort.	81	94

OBSERVATION.

Paris donne le prix incertain à Vienne, c'est-à-dire, 51 sous plus ou moins pour 1 florin courant; ainsi, lorsque Paris aura à remettre à Vienne, il doit se servir de la Place qui établira le plus bas change, parce qu'alors il donnera moins de sols pour 1 florin qu'il recevra; et au contraire, lorsque Paris aura à tirer sur Vienne, il doit se servir de la Place qui établira le plus haut change, parce qu'alors il recevra plus de sols pour 1 florin qu'il fera payer à Vienne.

PARIS ET VIENNE PAR AMSTERDAM.

ON veut savoir à combien reviendra le change entre Paris et Vienne, en remettant à cette derniere Place du papier sur Amsterdam, pris à Paris à 56 $\frac{1}{2}$ deniers de gros banco pour un écu de 60 sols, et négocié à Vienne à 138 rixdalles pour 100 rixdalles banco.

INSTRUCTION.

Divisez 400000, nombre fixe, par le change de Vienne sur Amsterdam, multiplié par celui de Paris sur Amsterdam.

	138	
	56 $\frac{1}{2}$	
	828	
	690	400000
	69	10150
Div.	7797	2353
Rép.	51 $\frac{4}{16}$ ou $\frac{1}{4}$	16
		37648
		6460

PARIS ET VIENNE PAR LONDRES.

ON veut savoir à combien reviendra le change entre Paris et Vienne, en remettant à cette derniere Place du papier sur Londres, pris à Paris à 31 ¼ ducats sterlings pour un écu de 60 sols, et négocié à Vienne à 9 florins 4 creutzers, pour 1 livre sterling.

INSTRUCTION.

Divisez 864000, nombre fixe, par le change de Vienne sur Londres, réduit en creutzers, multiplié par celui de Paris sur Londres.

9 fl. 4 cr.	
60 cr.	864|000
544	14
31 ¼	16
544	224
1632	54
136	3
Div. 17|000	
Rép. 50 14/17	

PARIS ET VIENNE
PAR LIVOURNE.

On veut savoir à combien reviendra le change entre Paris et Vienne, en remettant à cette derniere Place du papier sur Livourne, pris à Paris à 96 sols pour 1 piastre, et négocié à Vienne à 60 sols bonne monnoie, pour 1 florin courant.

INSTRUCTION.

Multipliez 60, nombre fixe, par le change de Paris sur Livourne, et divisez le produit par 115, nombre fixe.

```
                              60
                         Par  96
                        --------
                             360
                            540
Div.     115            --------
-------------------         5760
Rép.     50 1/12              10
                              16
                        --------
                             160
                              45
```

PARIS ET VIENNE
PAR HAMBOURG.

ON veut savoir à combien reviendra le change entre Paris et Vienne, en remettant à cette derniere Place du papier sur Hambourg, pris à Paris à 178 l. pour 100 marcs lubs banco, et négocié à Vienne à 140 rixdalles courantes pour 100 rixdalles banco.

INSTRUCTION.

Multipliez le change d'Hambourg sur Paris par 40, nombre fixe, et divisez le produit par celui de Vienne sur Hambourg.

			178
		Par	40
Div.	140		7120
Rép.	50 $\frac{12}{16}$		120
			16
			1920
			520
			100

PARIS ET VIENNE.

PAR NAPLES.

On veut savoir à combien reviendra le change entre Paris et Vienne, en remettant à cette derniere Place du papier sur Naples, pris à Paris à 84 sous pour 1 ducat, et négocié à Vienne à 98 creutzers pour 1 ducat.

INSTRUCTION.

Multipliez le change de Naples sur Paris par 60; nombre fixe, et divisez le produit par celui de Vienne sur Naples.

			84
		Par	60
			5040
Div.	98		140
Rép.	$51\frac{6}{16}$ ou $\frac{3}{8}$		42
			16
			672
			84

PARIS ET VIENNE PAR VENISE.

On veut savoir à combien reviendra le change entre Paris et Vienne, en remettant à cette derniere Place du papier sur Venise, pris à Paris à 60 $\frac{1}{2}$ ducats banco pour 100 écus de 3 livres, et négocié à Vienne à 126 rixdalles pour 100 ducats banco.

INSTRUCTION.

Divisez 400000 par le change de Vienne sur Venise, multiplié par celui de Paris sur Venise.

	126		400000
	60 $\frac{1}{2}$		18850
	7560		3604
	63		16
Div.	7623		57664
Rep.	52 $\frac{7}{8}$		4303

PARIS ET VIENNE
PAR ROME.

ON veut savoir à combien reviendra le change entre Paris et Vienne, en remettant à cette derniere Place du papier sur Rome, pris à Paris à 103 sols pour un écu monnoie, et négocié à Vienne à 120 creutzers pour 1 écu monnoie.

INSTRUCTION.

Multipliez le change de Paris sur Rome par 60; nombre fixe, et divisez le produit par celui de Vienne sur Rome.

		103
	Par	60
		6180
Div.	120	180
Rép.	51 $\frac{1}{2}$ ou $\frac{1}{2}$	60
		16
		960
		00

PARIS ET VIENNE PAR MILAN.

ON veut savoir à combien reviendra le change entre Paris et Vienne, en ordonnant à Milan de remettre à Vienne à 68 sols courants pour un florin, et de prendre son rembours sur Paris à 55 sous impériaux pour 1 écu de 60 sols.

INSTRUCTION.

Multipliez 636, nombre fixe, par le change de Milan sur Vienne, et divisez le produit par 15, nombre fixe, multiplié par le change de Milan sur Paris.

		636
		Par 68
		5088
	15	3816
	55	43248
Div.	825	1998
Rép.	52 $\frac{6}{16}$ ou $\frac{3}{8}$	348
		16
		2088
		348
		5568
		618

PARIS

PARIS ET VIENNE

PAR TURIN.

On veut savoir à combien reviendra le change entre Paris et Vienne, en ordonnant à Turin de remettre à Vienne à 43 $\frac{1}{2}$ sols de Piémont pour 1 florin courant, et de prendre son rembours sur Paris à 50 sols de Piémont pour 1 écu de 60 sols.

INSTRUCTION.

Multipliez le change de Turin sur Vienne par 60, nombre fixe, et divisez le produit par le change de Turin sur Paris.

			43 $\frac{1}{2}$
		Par	60
			2580
Div.	50		30
Rep.	52 $\frac{1}{5}$		2610
			110
			10
			16
			160
			10

PARIS ET VIENNE

PAR FRANCFORT.

On veut savoir à combien reviendra le change entre Paris et Vienne, en ordonnant à Francfort de remettre à Vienne à 94 rixdalles courantes pour 100 rixdalles monnoie, et de prendre son rembours sur Paris à 81 rixdalles monnoie, pour 100 écus de 3 livres.

INSTRUCTION.

Divisez 400000, nombre fixe, par le change de Francfort sur Vienne, multiplié par celui de Francfort sur Paris.

	94	
	81	400000
	94	19300
	752	4072
		16
Div.	7614	24432
Rép.	52 $\frac{8}{16}$ *ou* $\frac{1}{2}$	4072
		65152
		4240

RÉCAPITULATION DES ÉGALITÉS, ENTRE PARIS ET VIENNE.

Par Amsterdam,	vient	$51\frac{1}{4}$
Londres.		$50\frac{3}{16}$
Livourne, *bon pour remettre.*		$50\frac{1}{16}$
Hambourg.		$50\frac{3}{16}$
Naples.		$51\frac{3}{8}$
Venise.		$52\frac{7}{16}$
Rome.		$51\frac{1}{2}$
Milan.		$52\frac{3}{8}$
Turin.		$52\frac{3}{16}$
Francfort, *bon pour tirer.*		$52\frac{1}{2}$
Paris pour Vienne, supposé.		51

Premiere application pour remettre.

Si un négociant de Paris avoit des fonds à remettre à Vienne, pour son compte, ou des retours pour compte d'ami; au lieu de faire la remise, en papier sur ladite Place, qui lui coûteroit 51 sols pour un florin, il doit prendre du papier sur Livourne à 96, et le remettre à Vienne pour y être négocié à 60. Par cette remise, il s'établira un change de $50\frac{1}{16}$, c'est-à-dire, qu'il ne payera que $50\frac{1}{16}$ sols pour 1 florin.

Seconde application pour tirer.

Si ce même négociant de Paris avoit des fonds à tirer sur Vienne, au lieu de le faire à droiture, en donnant 1 florin pour recevoir 51 sols, il doit ordonner à Vienne de remettre pour son compte à Francfort à 94, et à cette derniere Place d'en faire le retour sur Paris, à 81. Par cette circulation il s'établira un change de $52\frac{1}{2}$, c'est-à-dire, qu'il recevra $52\frac{1}{2}$ sols pour 1 florin qu'il fera payer à Vienne.

PARIS ET VIENNE.

Pair d'une livre tournois en creutzers.

Places.	*Cours de Paris.*	*Cours de Vienne.*
Paris.		23
Amsterdam	56 ½	138
Londres	31 ¼	9 fl. 4 cr.
Livourne.	96	60
Hambourg.	178	140
Naples.	84	98
Venise	60 ⅓	126
Rome.	103	120
Milan.	55	68
Turin	50	43 ½ (*a*)
Francfort.	81	94

OBSERVATION.

Paris donne le prix certain à Vienne, c'est-à-dire, une livre pour 23 creutzers plus ou moins ; ainsi, lorsque Paris aura à *remettre* à Vienne, il doit se servir de la Place qui établira le plus haut change, parce qu'alors il recevra plus de creutzers pour une livre qu'il donnera ; et au contraire, lorsque Paris aura à *tirer* sur Vienne, il doit se servir de la Place qui établira le plus bas change, parce qu'alors il donnera moins de creutzers pour une livre qu'il recevra.

(*a*) Cours de Turin sur Vienne.

PARIS ET VIENNE
PAR AMSTERDAM.

ON veut savoir à combien reviendra le change entre Paris et Vienne, en remettant à cette derniere Place du papier sur Amsterdam, pris à Paris à 56 ½ deniers de gros pour un écu de 60 sols, et négocié à Vienne à 138 rixdalles pour 100 rixdalles banco.

INSTRUCTION.

Multipliez le change de Vienne sur Amsterdam par celui de Paris sur Amsterdam, ensuite par 9, nombre fixe, et divisez le produit par 3000, nombre fixe.

```
                              138
                        Par    56 ½
                        ----------
                              828
                             690
                              69
                        ----------
Div. 3000                    7797
---------------                 9
Rép.   23 6/16 ou ⅜     ----------
                            70173
                            10173
                             1173
                               16
                        ----------
                             7038
                            1173
                        ----------
                            18768
                              768
```

PARIS ET VIENNE

PAR LONDRES.

ON veut savoir à combien reviendra le change entre Paris et Vienne, en remettant à cette dernière Place du papier sur Londres, pris à Paris à 31 $\frac{1}{4}$ deniers sterlings pour 1 écu de 60 sols, et négocié à Vienne à 9 florins 4 creutzers pour 1 livre sterling.

INSTRUCTION.

Multipliez le change de Vienne sur Londres, (réduit en creutzers) par celui de Paris sur Londres, et divisez le produit par 720, nombre fixe.

```
                              9 fl. 4 cr.
                             60 cr.
                           ------------
                             544
                        Par   31 1/4
                           ------------
Div.   72|0                  544
------------                1632
Rép.   23 9/16               136
                           ------------
                            1700|0
                             260
                              44
                              16
                           ------------
                             704
                              56
```

PARIS ET VIENNE.

PAR LIVOURNE.

ON veut savoir à combien reviendra le change entre Paris et Vienne, et remettant à cette derniere Place du papier sur Livourne, pris à Paris à 96 sols pour une piastre, et négocié à Vienne à 60 sols, bonne monnoie, pour 1 florin courant.

INSTRUCTION.

Divisez 138000, nombre fixe, par le change de Paris sur Livourne, multiplié par celui de Vienne sur Livourne.

	96	13800/0
	60	2280
Div.	576/0	552
Rép.	23 $\frac{15}{16}$	16
		8832
		3072
		192

PARIS ET VIENNE
PAR HAMBOURG.

ON veut savoir à combien reviendra le change entre Paris et Vienne, en remettant à cette derniere Place du papier sur Hambourg, pris à Paris à 178 liv. pour 100 marcs lubs banco, et négocié à Vienne à 140 rixdalles pour 100 rixdalles banco.

INSTRUCTION.

Multipliez 30, nombre fixe, par le change de Vienne sur Hambourg, et divisez le produit par celui de Paris sur Hambourg.

			30
		Par	140
			4200
Div.	178		640
Rép.	23 $\frac{9}{16}$		106
			16
			1696
			94

PARIS ET VIENNE

PAR NAPLES.

ON veut savoir à combien reviendra le change entre Paris et Vienne, en remettant à cette dernière Place du papier sur Naples, pris à Paris à 84 sols pour un ducat, et négocié à Vienne, à 98 creutzers pour un ducat.

INSTRUCTION.

Multipliez le change de Vienne sur Naples par 20, nombre fixe, et divisez le produit par le change de Paris sur Naples.

			98
		Par	20
			1960
			280
Div.	84		28
Rép.	23 $\frac{5}{18}$		16
			168
			28
			448
			28

PARIS ET VIENNE

PAR VENISE.

On veut savoir à combien reviendra le change entre Paris et Vienne, en remettant à cette dernière Place du papier sur Venise, pris à Paris à 60 $\frac{1}{2}$ ducats banco pour 300 livres, et négocié à Vienne à 126 rixdalles, pour 100 ducats banco.

INSTRUCTION.

Multipliez le change de Vienne sur Venise, par celui de Paris sur Venise, ensuite par 3, nombre fixe, et divisez le produit par 1000, nombre fixe.

	126
	Par 60 $\frac{1}{2}$
	7560
	63
Div. 1|000	7623
Rép. 22 $\frac{13}{16}$	3
	22|869
	16
	5214
	869
	13|904

PARIS ET VIENNE

PAR ROME.

ON veut savoir à combien reviendra le change entre Paris et Vienne, en ordonnant à Rome de remettre à Vienne à 120 creutzers pour un écu monnoie, et de prendre son rembours sur Paris à 103 sols pour un écu monnoie.

INSTRUCTION.

Multipliez le change de Rome sur Vienne par 20, nombre fixe, et divisez le produit par le change de Rome sur Paris.

		120
	Par	20
		2400
Div. 103		340
Rép. 23 $\frac{4}{16}$ *ou* $\frac{1}{4}$		31
		16
		496
		84

PARIS ET VIENNE

PAR MILAN.

On veut savoir à combien reviendra le change entre Paris et Vienne, en ordonnant à Milan de remettre à Vienne à 68 sols courants pour un florin, et de prendre son rembours sur Paris, à 55 sols impériaux pour un écu de 60 sols.

INSTRUCTION.

Multipliez 1500, nombre fixe, par le change de Milan sur Paris, et divisez le produit par 53, nombre fixe, multiplié par le change de Milan sur Vienne.

	1500
	Par 55
53	7500
68	7500
424	82500
318	10420
Div. 3604	3212
Rép. 22 $\frac{14}{16}$ ou $\frac{7}{8}$	16
	51392
	15352
	936

PARIS ET VIENNE

PAR TURIN.

ON veut savoir à combien reviendra le change entre Paris et Vienne, en ordonnant à Turin de remettre à Vienne, à 43 $\frac{1}{2}$ sols de Piémont pour un florin, et de prendre son rembours sur Paris à 50 sols de Piémont pour un écu de 60 sols.

INSTRUCTION.

Multipliez 20, nombre fixe, par le change de Turin sur Paris, et divisez le produit par celui de Turin sur Vienne.

	20
	Par 50
	1000
	2 Fr.
43 $\frac{1}{2}$	2000
2	260
Div. 87.	86
	16
Rép. 22 $\frac{15}{16}$	516
	86
	1376
	506
	71

PARIS ET VIENNE

PAR FRANCFORT.

ON veut savoir à combien reviendra le change entre Paris et Vienne, en ordonnant à Francfort de remettre à Vienne à 94 rixdalles courantes pour 100 rixdalles monnoie, et de prendre son rembours sur Paris à 81 rixdalles pour 100 écus de 3 livres.

INSTRUCTION.

Multipliez 90, nombre fixe, par le change de Francfort sur Paris, ensuite par celui de Francfort sur Vienne, et divisez le produit par 300000, nombre fixe.

```
                          90
                    Par   81
                    --------
                          90
                        720
                    --------
                        7290
                          94
                    --------
                       29160
                       65610
                    --------
Div.  30000|0          68526|0
-------------           8526
Rép.     22 13/16       2526
                          16
                    --------
                       40416
                       10416
                        1416
```

RÉCAPITULATION DES ÉGALITÉS ENTRE PARIS ET VIENNE.

Par Amsterdam,	vient.	$23\frac{3}{8}$
Londres.		$23\frac{9}{16}$
Livourne, *bon pour remettre.*		$23\frac{15}{16}$
Hambourg.		$23\frac{9}{16}$
Naples.		$23\frac{5}{16}$
Venise, *bon pour tirer.*		$22\frac{13}{16}$
Rome.		$23\frac{1}{4}$
Milan.		$22\frac{7}{8}$
Turin.		$22\frac{15}{16}$
Francfort.		$22\frac{13}{16}$
Paris pour Vienne, supposé.		23

Premiere application pour remettre.

Si un négociant de Paris avoit des fonds à remettre à Vienne, ou des retours pour compte d'ami; au lieu que son ami de ladite Place tire sur lui au change de 23 creutzers pour une livre, il doit prendre du papier sur Livourne à 96, et le remettre à Vienne pour y être négocié à 60; par cette remise, il s'établira un change de $23\frac{15}{16}$, c'est-à-dire, que son ami de Vienne recevra $23\frac{15}{16}$ creutzers, pour une livre qu'il fera payer à Paris.

Seconde application pour tirer.

Si ce même négociant de Paris avoit des fonds à Vienne, au lieu que son ami lui en fît remise au change de 23 creutzers pour une livre, il doit lui ordonner de les remettre à Venise, à 126, et à cette derniere Place d'en faire le retour sur Paris à $60\frac{1}{2}$ (ou tirer lui-même sur Venise audit prix); par cet ordre, il s'établira un change de $22\frac{11}{16}$, c'est-à-dire, que son ami de Vienne ne paiera que $22\frac{11}{16}$ creutzers pour une livre qu'il recevra.

PARIS ET FRANCFORT.

Pair de 100 écus de 3 livres en rixdalles.

Places.	*Cours de Paris.*	*Cours de Francfort.*
Paris.		80
Amsterdam.	$56\frac{1}{2}$	148
Londres.	$31\frac{1}{4}$	138
Auguste et Vienne.	51	107
Hambourg.	178	149
Geneve.	168	135

Paris donne le prix certain à Francfort, c'est-à-dire, 100 écus de 3 livres pour 80 rixdalles, plus ou moins ; ainsi, lorsque Paris aura à *remettre* à Francfort, il doit se servir de la Place qui établira le plus haut change, parce qu'alors il recevra plus de rixdalles pour 100 écus de 3 livres qu'il donnera ; et au contraire, lorsque Paris aura à *tirer* sur Francfort, il doit se servir de la Place qui établira le plus bas change, parce qu'alors il donnera moins de rixdalles pour 100 écus de 3 livres qu'il recevra.

PARIS

PARIS ET FRANCFORT

PAR AMSTERDAM.

On veut savoir à combien reviendra le change entre Paris et Francfort, en remettant à cette derniere Place du papier sur Amsterdam, pris à Paris à 56 $\frac{1}{2}$ deniers de gros banco pour un écu de 3 livres, et négocié à Francfort à 148 rixdalles pour 100 rixdalles banco.

INSTRUCTION.

Multipliez le change de Francfort sur Amsterdam, par celui de Paris sur Amsterdam, et divisez le produit par 100, nombre fixe.

```
                          148
                           56 ½
                         ------
                          888
                         740
                           74
                         ------
Div.   1|00               83|62
-------------               16
Rép.   83 9/16           ------
                           9|92
```

PARIS ET FRANCFORT

PAR LONDRES.

On veut savoir à combien reviendra le change entre Paris et Francfort, en remettant à cette derniere Place du papier sur Londres, pris à Paris à 31 $\frac{1}{4}$ deniers sterlings pour un écu de 3 livres, et négocié à Francfort à 138 batz pour une livre sterling.

INSTRUCTION.

Multipliez le change de Francfort sur Londres, par celui de Paris sur Londres, et divisez le produit par 54, nombre fixe.

			138
		Par	31 $\frac{1}{4}$
			138
			414
			34 $\frac{1}{2}$
Div.	54		4312 $\frac{1}{2}$
Rép.	79 $\frac{13}{16}$		532
			46
			16
			744
			204
			42

PARIS ET FRANCFORT

PAR AUGUSTE ET VIENNE.

ON veut savoir à combien reviendra le change entre Paris et Francfort, en remettant à cette dernière Place du papier sur Auguste ou Vienne, pris à Paris à 51 sols pour un florin courant, et négocié à Francfort, à 107 rixdalles pour 100 rixdalles courantes.

INSTRUCTION.

Multipliez le change de Francfort sur Auguste et Vienne par 40, nombre fixe, et divisez le produit par celui de Paris sur Auguste et Vienne.

		107
	Par	40
		4280
		200
		47
Div.	51	16
Rép.	$83\frac{14}{16}$ *ou* $\frac{7}{8}$	282
		47
		752
		242
		38

PARIS ET FRANCFORT PAR HAMBOURG.

ON veut savoir à combien reviendra le change entre Paris et Francfort, en remettant à cette derniere Place du papier sur Hambourg, pris à Paris, à 178 liv. pour 100 marcs lubs banco, et négocié à Francfort à 149 rixdalles pour 100 rixdalles banco.

INSTRUCTION.

Multipliez 100, nombre fixe, par le change de Francfort sur Hambourg, et divisez le produit par celui de Paris sur Hambourg.

			100
		Par	149
			14900
Div.	178		660
Rép.	$83 \frac{11}{16}$		126
			16
			2016
			236
			58

PARIS ET FRANCFORT PAR GENEVE.

ON veut savoir à combien reviendra le change entre Paris et Francfort, en ordonnant à Geneve de remettre à Francfort, à 135 rixdalles pour 100 écus de 3 livres courantes, et de prendre son rembours sur Paris à 168 tournois pour 100 livres courantes.

INSTRUCTION.

Multipliez 100, nombre fixe, par le change de Geneve sur Francfort, et divisez le produit par celui de Geneve sur Paris.

			100
		Par	135
			13500
			60
Div.	168		16
Rép.	80 $\frac{5}{14}$		960
			120

RÉCAPITULATION DES ÉGALITÉS ENTRE PARIS ET FRANCFORT.

PAR Amsterdam, ... vient. 83 $\frac{9}{10}$
Londres, *bon pour tirer.* . . . . . 79 $\frac{11}{16}$
Auguste et Vienne, *bon pour remettre.* 83 $\frac{7}{8}$
Hambourg. . . . . 83 $\frac{15}{16}$
Geneve. . . . . 80 $\frac{5}{16}$
Francfort pour Paris, supposé. 80

Premiere application pour remettre.

Si un négociant de Paris avoit des fonds à remettre à Francfort, au lieu que son ami de ladite Place tire sur lui au change de 80 rixdalles pour 100 écus de 3 livres, il doit prendre du papier sur Auguste ou Vienne à 51, et le remettre à Francfort pour y être négocié à 107; par cette remise, il s'établira un change de 83 $\frac{7}{8}$, c'est-à-dire, que son ami de Francfort recevra 83 $\frac{7}{8}$ rixdalles, pour 100 écus de 3 liv.

Seconde application pour tirer.

Si ce même négociant avoit des fonds à Francfort, au lieu que son ami de ladite Place lui en fît remise au change de 80 rixdalles pour 100 écus de 3 livres, il doit lui ordonner de les remettre à Londres à 138, et à cette derniere Place d'en faire le retour sur Paris à 31 $\frac{1}{4}$ (ou tirer lui-même sur Londres audit prix); par cette circulation, il s'établira un change de 79 $\frac{11}{16}$, c'est-à-dire, que son ami de Francfort ne payera que 79 $\frac{11}{16}$ rixdalles pour 100 écus de 3 livres.

PARIS ET GENEVE.

Pair de 100 livres courantes, en livres Tournois.

Places.	*Cours de Paris.*	*Cours de Geneve.*
Paris.		167
Amsterdam.	56 $\frac{1}{2}$	94 $\frac{1}{4}$
Londres.	31 $\frac{1}{4}$	52 $\frac{1}{4}$
Auguste.	51	103
Livourne.	96	96 $\frac{1}{2}$
Gênes.	95	95 $\frac{1}{3}$
Cadix et Madrid.	15 liv. 4 s.	45
Turin.	50	84
Milan.	55	97 $\frac{1}{3}$
Venise.	60 $\frac{1}{2}$	99 $\frac{1}{3}$
Francfort.	80	135

OBSERVATION.

Paris donne le prix incertain à Geneve ; c'est-à-dire, 167 livres plus ou moins, pour 100 livres courantes. Ainsi, lorsque Paris aura à *remettre* à Geneve, il doit se servir de la Place qui établira le plus bas change, parce qu'alors, il donnera moins de livres tournois pour 100 livres courantes qu'il recevra ; et au contraire, lorsque Paris aura à tirer sur Geneve, il doit se servir de la Place qui établira le plus haut change, parce qu'alors, il recevra plus de livres tournois pour 100 livres courantes qu'il fera payer à Geneve.

PARIS ET GENEVE

PAR AMSTERDAM.

On veut savoir à combien reviendra le change entre Paris et Geneve, en remettant à cette derniere Place du papier sur Amsterdam, pris à Paris à 56 ½ deniers de gros pour un écu de 3 livres, et négocié à Geneve à 94 ¼ deniers de gros, pour 3 liv. courantes.

INSTRUCTION.

Multipliez 100, nombre fixe, par le change de Geneve sur Amsterdam, et divisez le produit par celui de Paris sur Amsterdam.

```
                          100
                     Par   94 ¼
                     ---------
                         9400
                           25
                     ---------
        56 ½             9425
         2                  2  Fr.
 -----------         ---------
 Div.   113             18850
 -----------            755
 Rép.   166 13/16        770
                          92
                          16
                     ---------
                         552
                          92
                     ---------
                        1472
                         342
                           3
```

PARIS ET GENEVE PAR LONDRES.

ON veut savoir à combien reviendra le change entre Paris et Geneve, en remettant à cette derniere Place du papier sur Londres, pris à Paris à 31 $\frac{1}{4}$ deniers sterlings pour un écu de 3 livres, et négocié à Geneve, à 52 $\frac{1}{4}$ deniers sterlings pour un écu de 3 livres courantes.

INSTRUCTION.

Multipliez le change de Geneve sur Londres, par 100, nombre fixe, et divisez le produit par celui de Paris sur Londres.

			52 $\frac{1}{4}$
		Par	100
			5225
	31 $\frac{1}{4}$		4 Fr.
	4		20900
Div.	125		840
Rép.	167 $\frac{3}{16}$		900
			25
			16
			400
			25

PARIS ET GENEVE PAR AUGUSTE ET VIENNE.

ON veut savoir à combien reviendra le change entre Paris et Geneve, en remettant à cette derniere Place du papier sur Auguste ou Vienne, pris à Paris à 51 sols pour un florin courant, et négocié à Geneve à 130 rixdalles courantes pour 100 écus de 3 livres courantes.

INSTRUCTION.

Multipliez le change de Geneve sur Auguste et Vienne, par celui de Paris sur Auguste et Vienne, et divisez le produit par 40, nombre fixe.

			130
		Par	51
			130
			650
Div.	40		6630
Rép.	165 $\frac{12}{16}$ ou $\frac{3}{4}$		263
			230
			30
			16
			480
			80
			0

PARIS ET GENEVE PAR LIVOURNE.

ON veut savoir à combien reviendra le change entre Paris et Geneve, en remettant à cette derniere Place du papier sur Livourne, pris à Paris à 96 sols pour une piastre, et négocié à Geneve à 96 $\frac{1}{2}$ écus, pour 100 piastres.

INSTRUCTION.

Multipliez le change de Paris sur Livourne, par 500, nombre fixe, et divisez le produit par celui de Geneve sur Livourne, multiplié par 3, nombre fixe.

			96
		Par	500
			48000
	96 $\frac{1}{2}$		2 Fr.
	3		96000
	288		3810
	1 $\frac{1}{2}$		3360
	289 $\frac{1}{2}$		465
	2		16
Div.	579		7440
			1650
Rép.	165 $\frac{12}{16}$ *ou* $\frac{3}{4}$		492

PARIS ET GENEVE
PAR GÊNES.

ON veut savoir à combien reviendra le change entre Paris et Geneve, en remettant à cette derniere Place du papier sur Gênes, pris à Paris à 95 sols pour une piastre, et négocié à Geneve à 95 $\frac{1}{3}$ écus courants pour 100 piastres.

INSTRUCTION.

Multipliez le change de Paris sur Gênes par 500 nombre fixe, et divisez le produit par celui de Geneve sur Gênes, multiplié par 3, nombre fixe.

	95
	Par 500
95 $\frac{1}{2}$	47500
3	1890
Div. 286	1740
Rép. 166 $\frac{1}{16}$	24
	16
	384
	98

PARIS ET GENEVE PAR CADIX ET MADRID.

ON veut savoir à combien reviendra le change entre Paris et Geneve, en remettant à cette derniere Place du papier sur Cadix ou Madrid, pris à Paris à 15 livres 4 sols pour une pistole de 32 réaux platte-vieille, et négocié à Geneve à 45 sols courants pour une piastre de 8 réaux platte-vieille.

INSTRUCTION.

Multipliez le change de Paris sur Cadix ou Madrid par 500, nombre fixe, et divisez le produit par celui de Geneve sur Cadix ou Madrid.

			15 liv. 4 s.
		Par	500
			7500
			100
Div.	45		7600
Rép.	168 $\frac{14}{16}$ ou $\frac{7}{8}$		310
			400
			40
			16
			640
			190
			10

LYON ET GENEVE

PAR CADIX ET MADRID.

ON veut savoir à combien reviendra le change entre Lyon et Geneve, en remettant à cette derniere Place du papier sur Cadix ou Madrid, pris à Lyon à 76 sols pour une piastre de 8 réaux platte vieille, et négocié à Geneve à 45 sols courants pour la même piastre.

INSTRUCTION.

Multipliez le change de Lyon sur Cadix ou Madrid par 100, nombre fixe, et divisez le produit par celui de Geneve sur Cadix ou Madrid.

			76
		Par	100
			7600
Div.	45		310
Rép.	168 $\frac{14}{16}$ *ou* $\frac{7}{8}$		400
			40
			16
			640
			190
			10

PARIS ET GENEVE

PAR TURIN.

ON veut savoir à combien reviendra le change entre Paris et Geneve, en ordonnant à cette derniere Place de tirer sur Turin, à 84 sols de Piémont pour un écu de 3 livres courantes, et à Turin de prendre son rembours sur Paris, à 50 sols de Piémont pour un écu de 3 livres.

INSTRUCTION.

Multipliez le change de Geneve sur Turin par 100, nombre fixe, et divisez le produit par celui de Turin sur Paris.

			84
		Par	100
			8400
Div.	50		340
Rép.	168		400
			00

PARIS ET GENEVE

PAR MILAN.

ON veut savoir à combien reviendra le change entre Paris et Geneve, en ordonnant à cette derniere Place de tirer sur Milan, à 97 $\frac{1}{3}$ écus courants pour 640 livres courantes de Milan, et à cette derniere Place de prendre son rembours sur Paris, à 55 sols impériaux pour un écu de 3 livres.

INSTRUCTION.

Divisez 2713600, nombre fixe, par 3, nombre fixe, multiplié par le change de Geneve sur Milan, et par celui de Milan sur Paris.

	3	271360|0
	97 $\frac{1}{3}$	11076
	292	14400
	55	1552
	1460	16
	1460	24832
Div.	1606|0	8772
Rép.	168 $\frac{15}{16}$	742

PARIS

PARIS ET GENEVE

PAR VENISE.

ON veut savoir à combien reviendra le change entre Paris et Geneve, en remettant à cette derniere Place du papier sur Venise, pris à Paris à 60 $\frac{1}{2}$ ducats banco pour 100 écus de 3 livres, et négocié à Geneve à 99 $\frac{1}{3}$ écus courants pour 100 ducats banco.

INSTRUCTION.

Divisez 1000000, nombre fixe, par le change de Geneve sur Venise, multiplié par celui de Paris sur Venise.

	1000000
	3 Fr.
	3000000
	119710
99 $\frac{1}{3}$	115360
3	7186
298	16
60 $\frac{1}{2}$	43116
17880	7186
149	114976
Div. 18029	6802
Rép. 166 $\frac{6}{16}$ ou $\frac{3}{8}$	

PARIS ET GENEVE
PAR FRANCFORT.

On veut savoir à combien reviendra le change entre Paris et Geneve, en ordonnant à cette derniere Place de tirer sur Francfort, à 135 rixdalles pour 100 écus de 3 livres courants, et à Francfort de prendre son rembours sur Paris, à 80 rixdalles monnoie pour 100 écus de 3 livres.

INSTRUCTION.

Multipliez le change de Geneve sur Francfort par 100, nombre fixe, et divisez le produit par celui de Francfort sur Paris.

			135
		Par	100
			13500
Div.	80		550
Rép.	168 $\frac{12}{16}$ ou $\frac{3}{4}$		700
			60
			16
			960
			160
			00

RÉCAPITULATION DES ÉGALITÉS, ENTRE PARIS ET GENEVE.

PAR	Amsterdam. . . . . . vient	166 $\frac{13}{16}$
	Londres.	167 $\frac{1}{10}$
	Auguste.	165 $\frac{3}{4}$
	Livourne, *bon pour remettre.* .	165 $\frac{3}{4}$
	Gênes.	166 $\frac{1}{16}$
	Cadix et Madrid.	168 $\frac{7}{8}$
	Turin.	168
	Milan, *bon pour tirer.* . . .	168 $\frac{15}{16}$
	Venise.	166 $\frac{3}{8}$
	Francfort.	168 $\frac{3}{4}$
Geneve pour Paris, supposé.	. . .	167

Premiere application pour remettre.

Si un négociant de Paris avoit des fonds à remettre à Geneve, pour son compte ou des retours pour compte d'ami; au lieu que son ami de ladite Place tire sur lui au change de 167 livres tournois pour 100 livres courantes, il doit prendre du papier sur Livourne à 96, et le remettre à Geneve pour y être négocié à 96 $\frac{1}{2}$. Par cette remise, il s'établira un change de 165 $\frac{3}{4}$, c'est-à-dire, qu'il ne payera que 165 $\frac{3}{4}$ livres tournois pour 100 livres courantes.

Seconde application pour tirer.

Si ce même négociant de Paris avoit des fonds à Geneve, au lieu que son ami de ladite Place lui en fit remise, au change de 167 livres pour 100 livres courantes; il doit lui ordonner de les remettre à Milan à 97 $\frac{1}{3}$; et à cette derniere Place d'en faire le retour sur Paris à 55. Par cette circulation il s'établira un change de 160 $\frac{15}{16}$, c'est-à-dire, que son ami de Geneve recevra 168 $\frac{15}{16}$ livres tournois pour 100 livres courantes.

PARIS ET TURIN.

Pair d'un écu de 3 livres en sols de Piémont.

Places.	*Cours de Paris.*	*Cours de Turin.*
Paris.		50
Amsterdam	56 ½	35 ½
Auguste et Vienne.	51	43
Livourne.	96	80 ¼
Gênes.	95	9 liv. 8 s.
Londres.	31 ¼	19 liv. 4 s.
Milan.	55	96
Geneve.	168	84
Venise.	60 ½	82 ½
Rome.	103	86 ¼

OBSERVATION.

Paris donne le prix certain à Turin, c'est-à-dire, un écu de 3 livres pour 50 sols de Piémont plus ou moins, ainsi, lorsque Paris aura à *remettre* à Turin, il doit se servir de la Place qui établira le plus haut change, parce qu'alors il recevra plus de sols de Piémont pour un écu de 3 livres qu'il donnera; et au contraire, lorsque Paris aura à *tirer* sur Turin, il doit se servir de la Place qui établira le plus bas change, parce qu'alors il donnera moins de sols de Piémont pour un écu de 3 livres qu'il recevra.

PARIS ET TURIN
PAR AMSTERDAM.

ON veut savoir à combien reviendra le change entre Paris et Turin, en remettant à cette derniere Place du papier sur Amsterdam, pris à Paris à 56 ½ deniers de gros pour un écu de 3 livres, et négocié à Turin à 35 ½ sols de Piémont pour un florin banco.

INSTRUCTION.

Multipliez le change de Paris sur Amsterdam, par celui de Turin sur Amsterdam, et divisez le produit par 40, nombre fixe.

			56 ½
		Par	35 ½
			280
			168
			28
			17 ¾
			2005 ¾
Div.	40		005
Rép.	50 $\frac{2}{16}$ ou ⅛		16
			92
			12

PARIS ET TURIN

PAR AUGUSTE OU VIENNE.

On veut savoir à combien reviendra le change entre Paris et Turin, en remettant à cette dernière Place du papier sur Auguste ou Vienne, pris à Paris, à 51 sols pour un florin courant, et négocié à Turin, à 43 sols de Piémont pour un florin courant.

INSTRUCTION.

Multipliez le change de Turin sur Auguste ou Vienne par 60, nombre fixe ; et divisez le produit par celui de Paris sur Auguste ou Vienne.

			43
		Par	60
			2580
Div.	51		30
Rép.	50 $\frac{9}{16}$		16
			480
			21

PARIS ET TURIN

PAR LIVOURNE.

ON veut savoir à combien reviendra le change entre Paris et Turin, en remettant à cette derniere Place du papier sur Livourne, pris à Paris à 96 sols pour une piastre, et négocié à Turin à 80 ¾ sols de Piémont pour la même piastre.

INSTRUCTION.

Multipliez le change de Turin sur Livourne, par 60, nombre fixe, et divisez le produit par celui de Paris sur Livourne.

			80 ¾
		Par	60
			4800
			45
Div.	96		4845
Rép.	50 7/16		45
			16
			720
			48

PARIS ET TURIN

PAR GÊNES.

On veut savoir à combien reviendra le change entre Paris et Turin, en remettant à cette derniere Place du papier sur Gênes, pris à Paris à 95 sols pour une piastre hors de banque, et négocié à Turin à 9 livres 8 sols de Piémont pour 13 ½ livres hors de banque.

INSTRUCTION.

Multipliez 6900, nombre fixe, par le change de Turin sur Gênes, et divisez le produit par celui de Paris sur Gênes, multiplié par 13 ½, nombre fixe.

	6900
	Par 9 liv. 8 s.
	62100
95	1380
13 ½	1380
285	64860
95	2 Fr.
47 ½	129720
1282 ½	1470
2	16
Div. 2565	8820
Rép. 50 $\frac{9}{16}$	1470
	23520
	435

PARIS ET TURIN

PAR LONDRES.

ON veut savoir à combien reviendra le change entre Paris et Turin, en remettant à cette derniere Place du papier sur Londres, pris à Paris, à 31 $\frac{1}{4}$ deniers sterlings pour un écu de 3 livres, et négocié à Turin à 19 livres 4 sols de Piemont pour une livre sterling.

INSTRUCTION.

Multipliez le change de Paris sur Londres, par celui de Turin sur Londres, et divisez le produit par 12, nombre fixe.

			31 $\frac{1}{4}$
		Par	19-4
			279
Div.	12		316 $\frac{1}{5}$
Rép.	50		4 $\frac{4}{5}$
			600
			00

PARIS ET TURIN

PAR MILAN.

ON veut savoir à combien reviendra le change entre Paris et Turin, en ordonnant à cette derniere Place de tirer sur Milan, à 96 sols de Piémont pour 150 sols courants, et à Milan de prendre son remboursur sur Paris, à 55 sols impériaux pour un écu de 3 livres.

INSTRUCTION.

Multipliez le change de Milan sur Paris, par celui de Turin sur Milan, et divisez le produit par 106, nombre fixe.

		55
	Par	96
		330
		495
		5280
Div.	106	1040
Rép.	49 $\frac{12}{13}$ *ou* $\frac{3}{4}$	86
		16
		516
		86
		1376
		316
		104

PARIS ET TURIN

PAR GENEVE.

ON veut savoir à combien reviendra le change entre Paris et Turin, en ordonnant à cette derniere Place de tirer sur Geneve, à 84 sols de Piémont pour 3 livres courantes, et à Geneve de prendre son rembours sur Paris à 168 livres tournois, pour 100 livres courantes.

INSTRUCTION.

Multipliez 100, nombre fixe, par le change de Turin sur Geneve, et divisez le produit par celui de Geneve sur Paris.

			100
		Par	84
Div.	168		8400
Rép.	50		0000

PARIS ET TURIN
PAR VENISE.

On veut savoir à combien reviendra le change entre Paris et Turin, en remettant à cette derniere Place du papier sur Venise, pris à Paris à 60 $\frac{1}{2}$ ducats banco pour 100 écus de 3 livres, et négocié à Turin à 58 sols pour un ducat courant :

Voici une autre instruction pour opérer cet Arbitrage ; multipliez 12, nombre fixe, par le change de Paris sur Venise, et par celui de Turin sur Venise, et divisez le produit par 775, nombre fixe.

INSTRUCTION.

Multipliez le change de Paris sur Venise, par celui de Turin sur Venise, et divisez le produit par 100, nombre fixe.

			60 $\frac{1}{2}$
		Par	82 $\frac{1}{2}$
			120
			480
			30
			41 $\frac{1}{4}$
Div.	1|00		49|91 $\frac{1}{4}$
Rép.	49 $\frac{14}{16}$ *ou* $\frac{7}{8}$		16
			550
			91
			14,60

PARIS ET TURIN
PAR ROME.

ON veut savoir à combien reviendra le change entre Paris et Turin, en ordonnant à cette derniere Place de tirer sur Rome à 86 $\frac{1}{4}$ sols de Piémont pour un écu monnoie, et à Rome de prendre son rembours sur Paris à 103 sols tournois, pour un écu monnoie.

INSTRUCTION.

Multipliez le change de Turin sur Rome par 60 nombre fixe, et divisez le produit par celui de Rome sur Paris.

			86 . $\frac{1}{4}$
		Par	60
			5160
			15
Div.	103		5175
Rép.	50 $\frac{3}{16}$		25
			16
			400
			91

RÉCAPITULATION DES ÉGALITÉS ENTRE PARIS ET TURIN.

PAR Amsterdam, ...	vient	$50 \frac{1}{8}$
Auguste et Vienne.		$50 \frac{9}{16}$
Livourne.		$50 \frac{7}{16}$
Gênes, *bon pour remettre*. . .		$50 \frac{9}{16}$
Londres.		50
Milan, *bon pour tirer*.		$49 \frac{3}{4}$
Geneve.		50
Venise.		$49 \frac{7}{8}$
Rome.		$50 \frac{3}{16}$
Paris pour Turin, supposé.		50

Premiere application pour remettre.

Si un négociant de Paris avoit des fonds à remettre à Turin, au lieu que son ami de ladite Place tire sur lui au change de 50 sols de Piémont pour un écu de 3 livres, il doit prendre du papier sur Gênes à 95, et le remettre à Turin pour y être négocié à 9 livres 8 sols; par cette remise il s'établira un change de $50 \frac{9}{16}$; c'est-à-dire, que son ami de Turin recevra $50 \frac{9}{16}$ sols de Piémont, pour un écu de 3 livres qu'il fera payer à Paris.

Seconde application pour tirer.

Si ce même négociant de Paris avoit des fonds à Turin, au lieu que son ami lui en fît remise au change de 50 sols de Piémont pour un écu de 3 livres, il doit lui ordonner de les remettre à Milan à 96, et à cette derniere Place d'en faire les retours sur Paris à 55; par cette circulation, il s'établira un change de $49 \frac{3}{4}$; c'est-à-dire, que son ami de Turin ne paiera que $49 \frac{3}{4}$ sols de Piémont, pour un écu de 3 livres qu'il recevra.

PARIS ET MILAN.

Pair d'un écu de 3 livres en sols impériaux.

Places.	Cours de Paris.	Cours de Milan.
Paris.		55
Amsterdam.	56 ½	56
Londres.	31 ¼	30 liv. 4 s.
Gênes.	94	14 (a)
Hambourg.	176	139
Auguste et Vienne.	51	67 ½
Livourne.	96	126 ½
Venise.	60 ½	84
Rome.	103	135 ½
Geneve.	168	97 (b)

OBSERVATION.

Paris donne le prix certain à Milan, c'est-à-dire, un écu de 3 livres tournois pour 55 sols impériaux, plus ou moins; ainsi, lorsque Paris aura à *remettre* à Milan, il doit se servir de la Place qui établira le plus haut change, parce qu'alors il recevra plus de sols impériaux pour un écu de 3 livres qu'il donnera; et au contraire, lorsque Paris aura à *tirer* sur Milan, il doit se servir de la Place qui etablira le plus bas change, parce qu'alors il donnera moins de sols impériaux pour un écu de 3 livres qu'il recevra.

(*a*) A déduire de 100 sols courants, reste 86 sols pour 4 livres hors de Banque, ou 86 livres courantes, pour 80 livres hors de Banque.

(*b*) Cours de Geneve sur Milan.

PARIS ET MILAN

PAR AMSTERDAM.

On veut savoir à combien reviendra le change entre Paris et Milan, en remettant à cette derniere Place du papier sur Amsterdam, pris à Paris à $56\frac{1}{2}$ deniers de gros pour un écu de 3 livres, et négocié à Milan à 56 sols courants pour un florin banco.

INSTRUCTION.

Multipliez le change de Paris sur Amsterdam, par celui de Milan sur Amsterdam : ensuite par 53, nombre fixe, et divisez le produit par 3000, nombre fixe.

$56\frac{1}{2}$
Par 56
336
280
28
3164
53
9492
15820
167692
17692
2692
16
16152
2692
43072
13072
1072

Div. 3000
Rép. $55\frac{14}{16}$ *ou* $\frac{7}{8}$

PARIS

PARIS ET MILAN PAR LONDRES.

On veut savoir à combien reviendra le change entre Paris et Milan, en remettant à cette derniere Place du papier sur Londres, pris à Paris à 31 $\frac{1}{4}$ den. sterlings pour un écu de 3 livres, et négocié à Milan à 30 livres 4 sols courantes, pour une livre sterling.

INSTRUCTION.

Multipliez le change de Paris sur Londres, par celui de Milan sur Londres : ensuite par 53, nombre fixe, et divisez le produit par 900, nombre fixe.

		31 $\frac{1}{4}$
	Par	30 liv. 4 s.
		930
		6 4
		7 11
		943 15
		53
		2829
		4715
Div. 900		26 $\frac{1}{2}$
Rép. 55 $\frac{9}{16}$		13 $\frac{1}{4}$
		50018 $\frac{3}{4}$
		5018
		518
		16
		3108
		518
		12
		8300
		200

I

PARIS ET MILAN
PAR GÊNES.

ON veut savoir à combien reviendra le change entre Paris et Milan, en remettant à cette derniere Place du papier sur Gênes, pris à Paris à 94 sols pour une piastre, et négocié à Milan à 86 sols courants, pour 4 livres hors de Banque.

INSTRUCTION.

Multipliez 3657, nombre fixe, par le change de Milan sur Gênes, et divisez le produit par celui de Paris sur Gênes, multiplié par 60, nombre fixe.

	3657
	Par 86
	21942
	29256
94	314502
60	32502
Div. 5640	4302
	16
Rép. 55 $\frac{12}{16}$ *ou* $\frac{3}{4}$	68832
	12432
	1152

PARIS ET MILAN
PAR HAMBOURG.

ON veut savoir à combien reviendra le change entre Paris et Milan, en remettant à cette derniere Place du papier sur Hambourg, pris à Paris, à 176 l. pour 100 marcs lubs banco, et négocié à Milan à 139 sols courants, pour une rixdalle banco.

INSTRUCTION.

Multipliez 212, nombre fixe, par le change de Milan sur Hambourg, et divisez le produit par celui de Paris sur Hambourg, multiplié par 3, nombre fixe.

			212
		Par	139
			1908
			636
			212
			29468
			3068
	176		428
	3		16
Div.	528		2568
Rép.	55 $\frac{12}{16}$ ou $\frac{3}{4}$		428
			6848
			1568
			512

PARIS ET MILAN

PAR AUGUSTE ET VIENNE.

ON veut savoir à combien reviendra le change entre Paris et Milan, en remettant à cette derniere Place du papier sur Auguste ou Vienne, pris à Paris à 51 sols pour un florin courant, et négocié à Milan à 67 $\frac{1}{4}$ sols courants, pour un florin courant.

INSTRUCTION.

Multipliez 212, nombre fixe, par le change de Milan sur Auguste et Vienne, et divisez le produit par 5, nombre fixe, multiplié par le change de Paris sur Auguste et Vienne.

	212
	Par 67 $\frac{1}{4}$
	1484
5	1272
51	53
Div. 255	14257
Rép. 55 $\frac{14}{16}$ *ou* $\frac{7}{8}$	1507
	232
	16
	3712
	1162
	142

PARIS ET MILAN
PAR LIVOURNE.

ON veut savoir à combien reviendra le change entre Paris et Milan, en remettant à cette derniere Place du papier sur Livourne, pris à Paris à 96 sols pour une piastre, et négocié à Milan à 126 $\frac{1}{2}$ sols courants pour la même piastre.

INSTRUCTION.

Multipliez 212, nombre fixe, par le change de Milan sur Livourne, et divisez le produit par 5, nombre fixe, multiplié par le change de Paris sur Livourne.

			212
		Par	126 $\frac{1}{2}$
			1272
			424
			212
	5		106
	96		26818
Div.	480		2818
Rép.	55 $\frac{13}{16}$		418
			16
			2508
			418
			6688
			1888
			448

PARIS ET MILAN

PAR VENISE.

ON veut savoir à combien reviendra le change entre Paris et Milan, en remettant à cette derniere Place du papier sur Venise, pris à Paris à 60 ½ ducats banco pour 100 écus de 3 livres, et négocié à Milan à 84 sols courants pour un ducat courant.

INSTRUCTION.

Multipliez 636, nombre fixe, par le change de Paris sur Venise; ensuite par celui de Milan sur Venise, et divisez le produit par 58125, nombre fixe.

636
Par 60 ½
38160
318
38478
84
153912
307824
3232152
325902
35277
16
211662
35277
564432
41307

Div. 58126
Rép. 55 9/16

PARIS ET MILAN

PAR ROME.

ON veut savoir à combien reviendra le change entre Paris et Milan, en ordonnant à cette derniere Place de tirer sur Rome, à 135 ½ sols courants pour un écu monnoie, et à Rome de prendre son rembours sur Paris, à 212 sols pour un écu monnoie.

INSTRUCTION.

Multipliez 212, nombre fixe, par le change de Milan sur Rome, et divisez le produit par celui de Rome sur Paris, multiplié par 5, nombre fixe.

	212
	Par 135 ½
	1060
	636
	212
	106
103	28726
5	2976
Div. 515	401
Rép. 55 $\frac{12}{16}$ ou $\frac{3}{4}$	16
	6416
	1266
	236

PARIS ET MILAN

PAR GENEVE.

ON veut savoir à combien reviendra le change entre Paris et Milan, en ordonnant à Geneve de remettre à Milan à 97 écus courants pour 640 livres courantes de Milan, et de prendre son rembours sur Paris, à 168 livres pour 100 livres courantes.

INSTRUCTION.

Divisez 2713600, nombre fixe, par le change de Paris sur Geneve, multiplié par celui de Geneve sur Milan, et par 3, nombre fixe.

	168	
	97	2713600
	1176	269200
	1512	24760
	16296	16
	3	148560
Div.	48888	24760
Rép.	55 $\frac{8}{16}$ ou $\frac{1}{2}$	396160
		5056

RÉCAPITULATION DES EGALITÉS ENTRE PARIS ET MILAN.

PAR Amsterdam, *bon pour tirer*, . vient.	55 $\frac{7}{8}$
Londres.	55 $\frac{9}{10}$
Auguste et Vienne.	55 $\frac{7}{8}$
Livourne.	55 $\frac{13}{16}$
Gênes.	55 $\frac{3}{4}$
Hambourg.	55 $\frac{3}{4}$
Venise.	55 $\frac{9}{16}$
Rome.	55 3
Geneve.	55 $\frac{1}{2}$
Milan pour Paris, supposé.	55

Première application pour remettre.

Si un négociant de Paris avoit des fonds à remettre à Milan, au lieu que son ami de ladite Place tire sur lui au change de 55 sols impériaux pour un écu de 3 livres, il doit prendre du papier sur Amsterdam à 56 $\frac{1}{2}$ et le remettre à Milan pour y être négocié à 56; par cette remise, il s'établira un change de 55 $\frac{7}{8}$, c'est-à-dire, que son ami de Milan recevra 55 $\frac{7}{8}$ sols impériaux, pour un écu de 3 livres qu'il fera payer à Paris.

Seconde application pour tirer.

Le cours de Milan pour Paris étant supposé à 55 sols impériaux pour un écu de 3 livres, et par conséquent, plus bas que ceux qui résultent des combinaisons ci-dessus; il convient que les retours soient faits en papier sur Paris audit prix de 55.

PARIS ET GÊNES.

Pair d'une Piastre hors de Banque en sols tournois.

Places.	Cours de Paris.	Cours de Gênes.
Gênes.	95 ½	
Amsterdam	56 ½	89
Londres	31 ¼	49 ¾
Auguste et Vienne.	51	61 ½
Cadix et Madrid.	15 l. 4 s.	640
Livourne.	96	116
Venise.	60 ½	96
Milan.	55	110
Rome.	103	124 ¼
Geneve.	168	95 ⅓
Turin.	50	9 liv. 8 s.
Lisbonne	462	740

OBSERVATION.

Paris donne le prix incertain à Gênes ; c'est-à-dire ; 95 ½ sols plus ou moins, pour une piastre. Ainsi, lorsque Paris aura à *remettre* à Gênes, il doit se servir de la Place qui établira le plus bas change, parce qu'alors, il donnera moins de sols pour une piastre qu'il recevra ; et au contraire, lorsque Paris aura à *tirer* sur Gênes, il doit se servir de la Place qui établira le plus haut change, parce qu'alors, il recevra plus de sols pour une piastre qu'il fera payer à Gênes.

PARIS ET GÊNES

PAR AMSTERDAM.

ON veut savoir à combien reviendra le change entre Paris et Gênes, en remettant à cette derniere Place du papier sur Amsterdam, pris à Paris à 56 ½ deniers de gros pour un écu de 3 livres, et négocié à Gênes à 89 deniers de gros, pour une piastre.

INSTRUCTION.

Multipliez 60, nombre fixe, par le change de Gênes sur Amsterdam, et divisez le produit par celui de Paris sur Amsterdam.

	60
	Par 89
	540
	480
56 ½	5340
2	2 Fr.
Div. 113	10680
Rép. 94 $\frac{8}{16}$ *ou* ½	510
	58
	16
	348
	58
	928
	24

PARIS ET GÊNES PAR LONDRES.

ON veut savoir à combien reviendra le change entre Paris et Gênes, en remettant à cette derniere Place du papier sur Londres, pris à Paris à 31 $\frac{3}{4}$ den. sterlings pour un écu de 3 livres, et négocié à Gênes à 49 $\frac{3}{4}$ den. sterlings, pour une piastre hors de Banque.

INSTRUCTION.

Multipliez le change de Gênes sur Londres, par 60, nombre fixe, et divisez le produit par celui de Paris sur Londres.

		49 $\frac{3}{4}$
		60
		2940
		45
	31 $\frac{3}{4}$	2985
	4	4 Fr.
Div.	125	11940
Rép.	95 $\frac{8}{16}$ *ou* $\frac{1}{2}$	690
		65
		16
		1040
		40

PARIS ET GÊNES
PAR AUGUSTE ET VIENNE.

On veut savoir à combien reviendra le change entre Paris et Gênes, en remettant à cette derniere Place du papier sur Auguste ou Vienne, pris à Paris à 51 sols pour un florin courant, et négocié à Gênes à 61 ½ sols hors de Banque, pour un florin courant.

INSTRUCTION.

Multipliez 115, nombre fixe, par le change de Paris sur Auguste et Vienne, et divisez le produit par celui de Gênes sur Auguste et Vienne.

			115
		Par	51
			115
			575
	61 ½		5865
	2		2 Fr.
Div.	123		11730
Rép.	95 $\frac{5}{12}$		660
			45
			16
			720
			105

PARIS ET GÊNES
PAR CADIX ET MADRID.

On veut savoir à combien reviendra le change entre Paris et Gênes, en remettant à cette derniere Place du papier sur Cadix ou Madrid, pris à Paris à 15 livres 4 sols pour une pistole de 32 réaux, platte-vieille ; et négocié à Gênes à 640 maravédis, pour un écu d'or banco.

INSTRUCTION.

Multipliez 5 ¾, nombre fixe, par le change de Gênes sur Cadix et Madrid : ensuite par celui de Paris sur Cadix et Madrid, réduit en sols, et divisez le produit par 11641 ⅗, nombre fixe.

			15 ¾
		Par	640
			3200
			320
			160
	11641 ⅗		3680
	5		304
Div.	58208		14720
Rép.	96 [illegible]/16		11040
			1118720
			5 Fr.
			5593600
			354880
			5632
			16
			90112
			31904

LYON ET GÊNES.

PAR CADIX ET MADRID.

ON veut savoir à combien reviendra le change entre Lyon et Gênes, en remettant à cette derniere Place du papier sur Cadix ou Madrid, pris à Lyon à 76 sols pour une piastre de 8 réaux platte-vieille, et négocié à Gênes à 640 maravédis, pour un écu d'or-marc banco.

INSTRUCTION.

Multipliez 5 $\frac{3}{4}$, nombre fixe, par le change de Gênes sur Cadix et Madrid : ensuite par celui de Lyon sur Cadix et Madrid, et divisez le produit par 2910 $\frac{2}{5}$, nombre fixe.

		5 $\frac{3}{4}$
	Par	640
		3200
		320
		160
		3680
		76
	2910 $\frac{2}{5}$	22080
	5	25760
Div.	14552	279680
Rep.	96 $\frac{1}{10}$	5 Fr.
		1398400
		88720
		1408
		16
		8448
		1408
		22528
		7976

PARIS ET GÊNES

PAR LIVOURNE.

On veut savoir à combien reviendra le change entre Paris et Gênes, en remettant à cette derniere Place du papier sur Livourne, pris à Paris à 96 sols pour une piatre, et négocié à Gênes à 116 sols hors de Banque, pour une piastre de Livourne.

INSTRUCTION.

Multipliez 115, nombre fixe, par le change de Paris sur Livourne, et divisez le produit par celui de Gênes sur Livourne.

```
                                115
                        Par      96
                        -----------
                                690
                               1035
                        -----------
Div.   116                    11040
-----------------              600
Rép.   95 2/16 ou 1/8           20
                                16
                        -----------
                               320
                                88
```

PARIS ET GÊNES
PAR VENISE.

On veut savoir à combien reviendra le change entre Paris et Gênes, en remettant à cette derniere Place du papier sur Venise, pris à Paris à 60 ½ ducats banco, pour 100 écus de 3 livres, et négocié à Gênes à 96 marchettis, pour un écu de 4 livres banco.

INSTRUCTION.

Multipliez 7500, nombre fixe, par le change de Gênes sur Venise, et divisez le produit par 124, nombre fixe, multiplié par le change de Paris sur Venise.

	7500
	Par 96
	45000
	675
124	720000
60 ½	44820
7440	7310
62	16
Div. 7502	43860
Rép. 95 $\frac{15}{16}$	7310
	116960
	41940
	4430

PARIS ET GÊNES
PAR MILAN.

On veut savoir à combien reviendra le change entre Paris et Gênes, en ordonnant à cette derniere Place de tirer sur Milan à 100 sols courants pour un écu de 4 livres banco, et à Milan de prendre son rembours sur Paris à 55 sols impériaux, pour un écu de 3 liv.

INSTRUCTION.

Multipliez 795, nombre fixe, par le change de Gênes sur Milan, et divisez le produit par 15, nombre fixe, multiplié par le change de Milan sur Paris.

			795
		Par	100
	15		79500
	55		5250
	75		300
	75		16
Div.	825		4800
Rép.	$96\frac{5}{16}$		675

PARIS ET GÊNES
PAR ROME.

ON veut savoir à combien reviendra le change entre Paris et Gênes, en remettant à cette derniere Place du papier sur Rome, pris à Paris à 103 sols pour un écu monnoie, et négocié à Gênes à 124 $\frac{1}{4}$ sols hors de Banque, pour un écu monnoie.

INSTRUCTION.

Multipliez 115, nombre fixe, par le change de Paris sur Rome, et divisez le produit par celui de Gênes sur Rome.

```
                               115
                      Par      103
                      ------------------
                               345
                             115
                      ------------------
                             11845
                                 4 Fr.
          124 ¼       ------------------
            4                47380
  ------------                2650
  Div.    497                  165
  ------------                  16
  Rép.     95 5/16    ------------------
                              2640
                               155
```

PARIS ET GÊNES
PAR GENEVE.

ON veut savoir à combien reviendra le change entre Paris et Gênes, en ordonnant à Geneve de remettre à Gênes à 95 $\frac{1}{3}$ écus courants, pour 100 piastres hors de Banque, et de prendre son rembours sur Paris, à 168 livres, pour 100 livres courantes.

INSTRUCTION.

Multipliez le change de Geneve sur Gênes, par celui de Geneve sur Paris : ensuite par 6, nombre fixe, et divisez le produit par 1000, nombre fixe.

```
                        95 1/3
               Par     168
                       760
                      570
                      95
                        56
                     16016
                         6
Div.  1|000          96|096
Rép.     96 1/16        16
                       576
                       96
                      1|536
```

PARIS ET GÊNES

PAR TURIN.

On veut savoir à combien reviendra le change entre Paris et Gênes, en ordonnant à Turin de remettre à Gênes à 9 livres 8 sols de Piemont pour 13 livres 10 sols hors de Banque, et de prendre son rembours sur Paris à 50 sols de Piémont, pour un écu de 3 livres.

INSTRUCTION.

Multipliez 6900, nombre fixe, par le change de Turin sur Gênes, et divisez le produit par 13 $\frac{1}{2}$, nombre fixe, multiplié par le change de Turin sur Paris.

			6900
		Par	9 liv. 8 s.
	13 $\frac{1}{2}$		62100
	50		1380
			1380
	650		64860
	25		4110
Div.	675		60
Rép.	96 $\frac{10}{18}$		16
			960
			285

PARIS ET GÊNES

PAR LISBONNE.

On veut savoir à combien reviendra le change entre Paris et Gênes, en remettant à cette derniere Place du papier sur Lisbonne, pris à Paris à 462 res pour un écu de 3 livres, et négocié à Gênes à 740 res, pour une piastre hors de banque.

INSTRUCTION.

Multipliez le change de Gênes sur Lisbonne, par 60, nombre fixe, et divisez le produit par celui de Paris sur Lisbonne.

		740
	Par	60
		44400
		2820
		48
		16
Div.	462	288
Rép.	96 $\frac{1}{18}$	48
		768
		306

RÉCAPITULATION DES ÉGALITÉS ENTRE PARIS ET GÊNES.

PAR Amsterdam, *bon pour remettre.*	94 $\frac{1}{2}$
Londres.	95 $\frac{1}{2}$
Auguste et Vienne.	95 $\frac{5}{16}$
Cadix et Madrid.	96 $\frac{1}{16}$
Livourne.	95 $\frac{1}{8}$
Venise.	95 $\frac{15}{16}$
Milan, *bon pour tirer.*	96 $\frac{5}{16}$
Rome.	95 $\frac{5}{16}$
Geneve.	96 $\frac{1}{16}$
Turin.	96 $\frac{1}{16}$
Lisbonne.	96 $\frac{1}{16}$
Paris pour Gênes, supposé.	95 $\frac{1}{2}$

Premiere application pour remettre.

Si un négociant de Paris avoit des fonds à remettre à Gênes pour son compte ou des retours pour compte d'ami, au lieu de faire la remise en papier sur ladite Place qui lui coûteroit 95 $\frac{1}{2}$ sols pour une piastre, il doit prendre du papier sur Amsterdam à 56 $\frac{1}{2}$, et le remettre à Gênes pour y être négocié à 89 ; par cette remise il s'établira un change de 94 $\frac{1}{2}$; c'est-à-dire, qu'il ne payera que 94 $\frac{1}{2}$ sols, pour une piastre qu'il recevra.

Seconde application pour tirer.

Si ce même négociant de Paris avoit à tirer sur Gênes, au lieu de faire à droiture, en donnant une piastre pour recevoir 95 $\frac{1}{2}$ sols, il doit ordonner à Gênes de remettre pour son compte à Milan à 100, et à cette derniere Place d'en faire le retour sur Paris à 55 ; par cette circulation, il s'établira un change de 96 $\frac{5}{16}$; c'est-à-dire, qu'il recevra 96 $\frac{5}{16}$ sols, pour une piastre qu'il fera payer à Gênes.

PARIS ET LIVOURNE.

Pair d'une Piastre de Livourne en sols Tournois.

Places.	*Cours de Paris.*	*Cours de Livourne.*
Livourne.	96 ½	
Amsterdam.	56 ½	90 ½
Londres.	31 ¼	50
Auguste.	51	188
Vienne	51	61 ¾
Cadrix et Madrid.	15 liv. 4 s.	127
Gênes.	95 ½	116
Hambourg.	178	86 ¾
Venise.	60 ½	98
Turin.	50	81 ½
Rome.	103	124
Lisbonne.	462	757
Geneve.	168	96 (a)
Milan.	55	127

OBSERVATION.

Paris donne le prix incertain à Livourne, c'est-à-dire, 96 ½ sols, plus ou moins, pour une piastre; ainsi, lorsque Paris aura à *remeure* à Livourne, il doit se servir de la Place qui établira le plus bas change, parce qu'alors il donnera moins de sols pour une piastre qu'il recevra; et au contraire, lorsque Paris aura à *tirer* sur Livourne, il doit se servir de la Place qui établira le plus haut change, parce qu'alors il recevra plus de sols pour une piastre qu'il fera payer à Livourne.

(a) Cours de Geneve sur Livourne.

PARIS ET LIVOURNE
PAR AMSTERDAM.

ON veut savoir à combien reviendra le change entre Paris et Livourne, en remettant à cette derniere Place du papier sur Amsterdam, pris à Paris à 56 $\frac{1}{2}$ deniers de gros, pour un écu de 3 livres, et négocié à Livourne à 90 $\frac{1}{2}$ deniers de gros banco pour une piastre.

INSTRUCTION.

Multipliez 60, nombre fixe, par le change de Livourne sur Amsterdam, et divisez le produit par celui de Paris sur Amsterdam.

			60
		Par	90 $\frac{1}{2}$
			5400
			30
	56 $\frac{1}{2}$		5430
	2		2 Fr.
Div.	113		10860
Rép.	96 $\frac{1}{16}$		690
			12
			16
			192
			79

PARIS ET LIVOURNE PAR LONDRES.

ON veut savoir à combien reviendra le change entre Paris et Livourne, en remettant à cette derniere Place du papier sur Londres, pris à Paris à 31 $\frac{1}{4}$ deniers sterlings pour un écu de 3 livres, et négocié à Livourne à 50 deniers sterlings, pour une piastre.

INSTRUCTION.

Multipliez 60, nombre fixe, par le change de Londres sur Livourne, et divisez le produit par celui de Paris sur Londres.

			60
		Par	50
	31 $\frac{1}{4}$		3000
	4		4 Fr.
Div.	125		12000
Rép.	96		750
			00

PARIS ET LIVOURNE

PAR AUGUSTE.

ON veut savoir à combien reviendra le change entre Paris et Livourne, en remettant à cette derniere Place du papier sur Auguste, pris à Paris à 51 sols pour un florin courant, et négocié à Livourne à 188 florins courants, pour 100 piastres.

INSTRUCTION.

Multipliez le change de Livourne sur Auguste, par celui de Paris sur Auguste, et divisez le produit par 100, nombre fixe.

	188
	Par 51
	188
	940
Div. 1|00	95|88
Rép. $95\frac{14}{16}$ *ou* $\frac{7}{8}$	16
	528
	88
	14|08

PARIS ET LIVOURNE
PAR VIENNE.

ON veut savoir à combien reviendra le change entre Paris et Livourne, en remettant à cette derniere Place du papier sur Vienne, pris à Paris à 51 sols pour un florin courant, et négocié à Livourne à 61 $\frac{1}{4}$ sols bonne monnoie, pour un florin courant.

INSTRUCTION.

Multipliez 115, nombre fixe, par le change de Paris sur Vienne, et divisez le produit par celui de Livourne sur Vienne.

			115
		Par	51
			115
			575
			5865
	61 $\frac{1}{4}$		4 Fr.
	4		23460
Div.	245		1410
Rép.	95 $\frac{12}{16}$ *ou* $\frac{3}{4}$		185
			16
			1110
			185
			2960
			510
			20

PARIS ET LIVOURNE PAR CADIX ET MADRID.

On veut savoir à combien reviendra le change entre Paris et Livourne, en remettant à cette derniere Place du papier sur Cadix ou Madrid, pris à Paris, à 15 livres 4 sols pour une pistole de 32 réaux, platte-vieille, et négocié à Livourne à 127 piastres, platte-vieille, pour 100 piastres de Livourne.

INSTRUCTION.

Multipliez le change de Livourne sur Cadix, par celui de Paris sur Cadix, et divisez le produit par 20, nombre fixe.

		127
	Par	15 liv. 4 s.
		635
		127
		$25\frac{2}{5}$
Div.	20	$1930\frac{2}{5}$
Rep.	$96\frac{8}{10}$ *ou* $\frac{1}{2}$	130
		10
		16
		160
		0

LYON ET LIVOURNE
PAR CADIX ET MADRID.

On veut savoir à combien reviendra le change entre Lyon et Livourne, en remettant à cette derniere Place du papier sur Cadix ou Madrid, pris à Lyon à 76 sols pour une piastre platte-vielle, et négocié à Livourne à 127 piastres platte-vieille, pour 100 piastres de Livourne.

INSTRUCTION.

Multipliez le change de Livourne sur Cadix, par celui de Lyon sur Cadix, et divisez le produit par 100, nombre fixe.

			127
		Par	76
Div.	1|00		762
Rép.	96 $\frac{8}{16}$ *ou* $\frac{1}{2}$		889
			96|52
			16
			8|32

PARIS ET LIVOURNE PAR GÊNES.

ON veut savoir à combien reviendra le change entre Paris et Livourne, en remettant à cette derniere Place du papier sur Gênes, pris à Paris à 95 ½ sols, pour une piastre hors de banque, et négocié à Livourne à 116 sols hors de banque, pour une piastre.

INSTRUCTION.

Multipliez le change de Livourne sur Gênes, par celui de Paris sur Gênes, et divisez le produit par 115, nombre fixe.

		116
	Par	95 ½
		580
		1044
		58
Div. 115		11078
Rép. 96 $\frac{5}{115}$		728
		38
		16
		228
		38
		608
		33

PARIS ET LIVOURNE
PAR HAMBOURG.

On veut savoir à combien reviendra le change entre Paris et Livourne, en remettant à cette derniere Place du papier sur Hambourg, pris à Paris à 178 livres pour 100 marcs-lubs banco ; et négocié à Livourne à 86 $\frac{1}{4}$ deniers de gros banco, pour une piastre.

INSTRUCTION.

Multipliez le change de Paris sur Hambourg par celui de Livourne sur Hambourg, et divisez le produit par 160, nombre fixe.

			178
		Par	86 $\frac{1}{4}$
			1068
			1424
Div.	160		44 $\frac{1}{2}$
Rép.	95 $\frac{15}{16}$		15352 $\frac{1}{2}$
			952
			152
			16
			2440
			840
			40

PARIS

PARIS ET LIVOURNE
PAR VENISE.

On veut savoir à combien reviendra le change entre Paris et Livourne, en remettant à cette derniere Place du papier sur Venise, pris à Paris à 60 $\frac{1}{2}$ ducats banco pour 300 livres, et négocié à Livourne à 98 ducats banco, pour 100 piastres.

INSTRUCTION.

Multipliez le change de Livourne sur Venise, par 60, nombre fixe, et divisez le produit par celui de Paris sur Venise.

		98
	Par	60
		5880
		2 Fr.
	60 $\frac{1}{2}$	11760
	2	870
Div.	121	23
Rép.	97 $\frac{3}{16}$	16
		368
		5

PARIS ET LIVOURNE
PAR TURIN.

ON veut savoir à combien reviendra le change entre Paris et Livourne, en ordonnant à Turin de remettre à Livourne à 81 ½ sols de Piémont pour une piastre, et de prendre son rembours sur Paris à 50 sols de Piémont, pour un écu de 60 sols.

INSTRUCTION.

Multipliez le change de Turin sur Livourne par 60, nombre fixe, et divisez le produit par celui de Turin sur Paris.

		81 ½
	Par	60
		4860
		30
Div. 50		4890
Rép. 97 $\frac{12}{16}$ ou ¾		390
		40
		16
		640
		140
		40

PARIS ET LIVOURNE

PAR ROME.

ON veut savoir à combien reviendra le change entre Paris et Livourne, en remettant à cette derniere Place du papier sur Rome, pris à Paris, à 103 s. pour un écu monnoie, et négocié à Livourne à 124 pieces de $\frac{3}{4}$ de bayocs, faisant 93 bayocs pour une piastre.

INSTRUCTION.

Multipliez le change de Paris sur Rome, par celui de Livourne sur Rome, et divisez le produit par 100, nombre fixe.

			103
		Par	93
			309
			927
Div.	1|00		95|79
Rép.	95 $\frac{12}{16}$ *ou* $\frac{3}{4}$		16
			474
			79
			12|64

PARIS ET LIVOURNE
PAR LISBONNE.

ON veut savoir à combien reviendra le change entre Paris et Livourne, en remettant à cette derniere Place du Papier sur Lisbonne, pris à Paris à 462 res pour un écu de 60 sols, et négocié à Livourne à 757 res, pour une piastre.

INSTRUCTION.

Multipliez le change de Livourne sur Lisbonne par 60, nombre fixe, et divisez le produit par celui de Paris sur Lisbonne.

		757
	Par	60
		45420
Div.	462	3840
Rép.	98 $\frac{4}{16}$ *ou* $\frac{1}{4}$	144
		16
		2304
		456

PARIS ET LIVOURNE
PAR GENEVE.

On veut savoir à combien reviendra le change entre Paris et Livourne, en ordonnant à Geneve de remettre à Livourne à 96 écus courants pour 100 piastres, et de prendre son rembours sur Paris à 168 livres tournois, pour 100 livres courantes.

INSTRUCTION.

Multipliez le change de Geneve sur Paris, par celui de Geneve sur Livourne: ensuite par 3, nombre fixe, et divisez le produit par 500, nombre fixe.

```
                          168
                      Par  96
                     --------
                         1008
                         1512
                     --------
                        16128
                            3
                     --------
Div.   500              48384
-------------            3384
Rép.   96 12/16 ou 3/4    384
                           16
                     --------
                         2304
                          384
                     --------
                         6144
                         1144
                          144
```

PARIS ET LIVOURNE PAR MILAN.

On veut savoir à combien reviendra le change entre Paris et Livourne, en ordonnant à Milan de remettre à Livourne à 127 sols courants, pour une piastre, et de prendre son rembours sur Paris à 55 sols impériaux, pour un écu de 60 sols.

INSTRUCTION.

Multipliez 212, nombre fixe, par le change de Milan sur Livourne, et divisez le produit par celui de Milan sur Paris, multiplié par 5, nombre fixe.

			212
		Par	127
			1484
			424
			212
			26924
			2174
			249
	55		16
	5		
			1494
Div.	275		249
Rép.	97 14/15 ou 7/8		3984
			1234
			134

RÉCAPITULATION DES ÉGALITÉS *ENTRE PARIS ET LIVOURNE.*

PAR Amsterdam . . . . vient	96	$\frac{1}{16}$
Londres.	96	—
Auguste.	95	$\frac{7}{8}$
Vienne, *bon pour remettre*	95	$\frac{3}{4}$
Cadix et Madrid.	96	$\frac{1}{2}$
Gênes.	96	$\frac{5}{16}$
Hambourg.	95	$\frac{15}{16}$
Venise	97	$\frac{3}{16}$
Turin	97	$\frac{3}{4}$
Rome	95	$\frac{3}{4}$
Lisbonne, *bon pour tirer*	98	$\frac{1}{4}$
Geneve.	96	$\frac{3}{4}$
Milan	97	$\frac{7}{8}$
Paris pour Livourne, supposé.	96	$\frac{1}{2}$

Premiere application pour remettre.

Si un négociant de Paris avoit des fonds à remettre à Livourne pour son compte, ou des retours pour compte d'ami, au lieu de faire la remise en papier sur ladite Place, qui lui coûteroit 96 ½ sols pour une piastre, il doit prendre du papier sur Vienne à 51, et le remettre à Livourne pour y être négocié à 61 ¼; par cette remise, il s'établira un change de 95 ¾, c'est-à-dire, qu'il ne paiera que 95 ¾ sols, pour une piastre qu'il recevra.

Seconde application pour tirer.

Si ce même négociant de Paris avoit à tirer sur Livourne, au lieu de le faire à droiture, en donnant une piastre pour recevoir 96 ½ sols; il doit ordonner à Livourne de remettre pour son compte à Lisbonne à 757, et à cette derniere Place d'en faire le retour sur Paris à 462, (ou tirer lui-même sur Lisbonne audit prix); par cette circulation, il s'établira un change de 98 ¼; c'est-à-dire, qu'il recevra 98 ¼ sols, pour une piastre qu'il fera payer à Livourne.

PARIS ET VENISE.

Pair de 100 écus de 3 livres en ducats banco.

Places.	*Cours de Paris.*	*Cours de Venise.*
Paris.		60
Amsterdam	56 ¼	93 ½
Londres.	31 ¼	52
Auguste.	51	100
Vienne.	51	193
Livourne.	96	102 ½
Gênes	95	95 ½
Hambourg.	178	88 ½
Milan	55	158
Rome	103	62
Turin.	50	82 ½ (*a*)
Geneve.	168	96 ¼ (*b*)

OBSERVATION.

Paris donne le prix certain à Venise, c'est-à-dire, 100 écus de 3 livres pour 60 ducats banco, plus ou moins; ainsi, lorsque Paris aura à *remettre* à Venise, il doit se servir de la Place qui établira le plus haut change, parce qu'alors il recevra plus de ducats pour 100 écus de 3 livres qu'il donnera; et au contraire, lorsque Paris aura à *tirer* sur Venise, il doit se servir de la Place qui établira le plus bas change, parce qu'alors il donnera moins de ducats pour 100 écus de 3 livres qu'il recevra.

(*a*) Cours de Turin sur Venise.

(*b*) Cours de Geneve sur Venise.

PARIS ET VENISE
PAR AMSTERDAM.

ON veut savoir à combien reviendra le change entre Paris et Venise, en remettant à cette derniere Place du papier sur Amsterdam, pris à Paris à 56 $\frac{1}{2}$ deniers de gros banco pour un écu de 3 livres, et négocié à Venise à 93 $\frac{1}{3}$ deniers de gros, pour un ducat banco.

INSTRUCTION.

Multipliez 100, nombre fixe, par le change de Paris sur Amsterdam, et divisez le produit par celui de Venise sur Amsterdam.

			100
		Par	56 $\frac{1}{2}$
			5650
	93 $\frac{1}{3}$		3 Fr.
	3		16950
Div.	280		150
Rép.	60 $\frac{8}{10}$ *ou* $\frac{1}{2}$		16
			2400
			160

PARIS ET VENISE
PAR LONDRES.

On veut savoir à combien reviendra le change entre Paris et Venise, en remettant à cette derniere Place du papier sur Londres, pris à Paris à $31\frac{1}{4}$, deniers sterlings, pour un écu de 3 livres, et négocié à Venise à 52 deniers sterlings, pour un ducat banco.

INSTRUCTION.

Multipliez le change de Paris sur Londres, par 100, nombre fixe, et divisez le produit par celui de Venise sur Londres.

			$31\frac{1}{4}$
		Par	100
			3125
Div.	52		05
Rép.	$60\frac{1}{10}$		16
			80
			28

PARIS ET VENISE

PAR AUGUSTE.

On veut savoir à combien reviendra le change entre Paris et Venise, en remettant à cette dernière Place du papier sur Auguste, pris à Paris à 51 sols pour un florin courant, et négocié à Venise à 100 rixdalles de change, pour 100 ducats banco.

INSTRUCTION.

Multipliez 4000, nombre fixe, par le change de Venise sur Auguste, et divisez le produit par 127, nombre fixe, multiplié par le change de Paris sur Auguste.

			4000
		Par	100
	127		400000
	51		11380
	127		4903
	635		16
Div.	6477		29418
Rép.	61 $\frac{12}{16}$ *ou* $\frac{3}{4}$		4903
			78448
			13678
			724

PARIS ET VENISE

PAR VIENNE.

ON veut savoir à combien reviendra le change entre Paris et Venise, en remettant à cette derniere Place du papier sur Vienne, pris à Paris à 51 sols pour un florin courant, et négocié à Venise à 193 florins courants, pour 100 ducats banco.

INSTRUCTION.

Divisez 600000, nombre fixe, par le change de Venise sur Vienne, multiplié par celui de Paris sur Vienne.

	193		600000
	51		9420
	193		16
	965		56520
Div.	9843		9420
Rép.	$60\frac{15}{16}$		150720
			52290
			3075

PARIS ET VENISE
PAR LIVOURNE.

ON veut savoir à combien reviendra le change entre Paris et Venise, en remettant à cette derniere Place du papier sur Livourne, pris à Paris à 96 sols pour une piastre, et négocié à Venise à 102 $\frac{1}{3}$ piastres, pour 100 ducats banco.

INSTRUCTION.

Divisez 600000 par le change de Venise sur Livourne, multiplié par celui de Paris sur Livourne.

102 $\frac{1}{3}$	
96	600000
612	10560
918	736
32	16
Div. 9824	4416
Rép. 61 $\frac{1}{16}$	736
	11776
	1952

PARIS ET VENISE
PAR GÊNES.

On veut savoir à combien reviendra le change entre Paris et Venise, en remettant à cette derniere Place du papier sur Gênes, pris à Paris à 95 sols pour une piastre hors de banque, et négocié à Venise à 95 $\frac{1}{2}$ marchettis, pour un écu de 4 livres banco.

INSTRUCTION.

Multipliez 1875, nombre fixe, par le change de Venise sur Gênes, et divisez le produit par celui de Paris sur Gênes, multiplié par 31, nombre fixe.

			1785
		Par	95 $\frac{1}{2}$
			9375
	95		16875
	31		937 $\frac{1}{2}$
	95		179062 $\frac{1}{2}$
	285		2362
Div.	2945		16
Rép.	60 $\frac{12}{16}$ *ou* $\frac{3}{4}$		37800
			8350
			2460

PARIS ET VENISE
PAR HAMBOURG.

On veut savoir à combien reviendra le change entre Paris et Venise, en remettant à cette derniere Place du papier sur Hambourg, pris à Paris à 178 livres, pour 100 marcs lubs banco, et négocié à Venise à 88 $\frac{1}{2}$ deniers de gros, pour un ducat banco.

INSTRUCTION.

Divisez 960000, nombre fixe, par le change de Paris sur Hambourg, multiplié par celui de Venise sur Hambourg.

	178	960000
	88 $\frac{1}{2}$	14820
		16
	1424	88920
	1424	14820
	89	
		237120
Div.	15753	79590
Rép.	60 $\frac{15}{16}$	825

PARIS ET VENISE
PAR MILAN.

On veut savoir à combien reviendra le change entre Paris et Venise, en ordonnant à cette derniere Place de tirer sur Milan à 158 marchettis pour un écu de 117 sols impériaux, et à Milan de prendre son rembours sur Paris à 55 sols impériaux, pour un écu de 3 livres.

INSTRUCTION.

Multipliez le change de Venise sur Milan, par celui de Milan sur Paris, ensuite par 25, nombre fixe, et divisez le produit par 3627, nombre fixe.

		158
	Par	55
		790
		790
Div.	3627	8690
Rép.	59 $\frac{14}{16}$ *ou* $\frac{7}{8}$	25
		43450
		17380
		217250
		35900
		3257
		16
		19542
		3257
		52112
		15842
		1334

PARIS

PARIS ET VENISE PAR ROME.

ON veut savoir à combien reviendra le change entre Paris et Venise, en remettant à cette dernière Place du papier sur Rome, pris à Paris à 103 sols pour un écu monnoie, et négocié à Venise à 62 écus d'or stampe, pour 100 ducats banco.

INSTRUCTION.

Divisez 600000000, nombre fixe, par 1523, nombre fixe, multiplié par le change de Paris sur Rome, et par celui de Venise sur Rome.

1523	
103	
4569	
1523	
156869	600000000
62	16447320
313738	6721442
941214	16
Div. 9725878	40328652
Rép. 61 $\frac{11}{16}$	6721442
	107543072
	10284292
	558414

PARIS ET VENISE
PAR TURIN.

ON veut savoir à combien reviendra le change entre Paris et Venise, en ordonnant à Turin de remettre à Venise à 58 sols pour un ducat courant, et de prendre son rembours sur Paris à 50 sols de Piémont, pour un écu de 3 livres :

Voici une autre Instruction pour opérer cet Arbitrage ; multipliez 775, nombre fixe, par le change de Turin sur Paris, et divisez le produit par 12, nombre fixe, multiplié par le change de Turin sur Venise.

INSTRUCTION.

Multipliez 100, nombre fixe, par le change de Turin sur Paris, et divisez le produit par celui de Turin sur Venise.

	100
Par	50
	5000
	2 Fr.
	10000
	100
	16
	1600
	115

	82 $\frac{1}{2}$
	2
Div.	165
Rép.	60 $\frac{9}{16}$

PARIS ET VENISE

PAR GENEVE.

ON veut savoir à combien reviendra le change entre Paris et Venise, en ordonnant à Geneve de remettre à Venise à 99 $\frac{1}{4}$ écus courants pour 100 ducats de banque, et de prendre son rembours sur Paris à 168 livres tournois, pour 100 liv. courantes.

INSTRUCTION.

Divisez 1000000, nombre fixe, par le change de Geneve sur Paris, multiplié par celui de Geneve sur Venise.

	168	1000000
	99 $\frac{1}{4}$	166800
	1512	16234
	1512	16
	42	259744
Div.	16674	93004
Rép.	59 $\frac{5}{15}$	9634

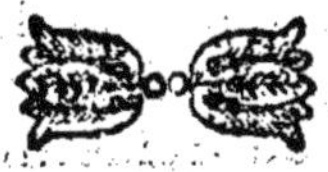

RÉCAPITULATION DES ÉGALITÉS ENTRE PARIS ET VENISE.

PAR	Amsterdam,	vient	60 $\frac{1}{2}$
	Londres.		60 $\frac{1}{16}$
	Auguste, *bon pour remettre.*		61 $\frac{3}{4}$
	Vienne.		60 $\frac{15}{16}$
	Livourne.		61 $\frac{1}{16}$
	Gênes.		60 $\frac{13}{16}$
	Hambourg.		60 $\frac{15}{16}$
	Milan, *bon pour tirer*		59 $\frac{7}{8}$
	Rome.		95 $\frac{11}{16}$
	Turin.		60 $\frac{9}{16}$
	Geneve.		59 $\frac{15}{16}$
Venise pour Paris, supposé.			60

Premiere application pour remettre.

Si un négociant de Paris avoit des fonds à remettre à Venise, au lieu que son ami de ladite Place tire sur lui au change de 60 ducats pour 300 livres, il doit prendre du papier sur Auguste à 51, et le remettre à Venise pour y être négocié à 100; par cette remise il s'établira un change de 61 $\frac{3}{4}$; c'est-à-dire, que son ami de Venise recevra 61 $\frac{3}{4}$ ducats, pour 300 livres qu'il fera payer à Paris.

Seconde application pour tirer.

Si ce même négociant de Paris avoit des fonds à Venise, au lieu que son ami de ladite Place lui en fît remise au change de 60 ducats pour 300 livres, il doit lui ordonner de remettre ces fonds à Milan à 158, et à cette derniere Place, d'en faire le retour sur Paris à 55; par cette circulation, il s'établira un change de 59 $\frac{7}{8}$; c'est-à-dire, que son ami de Venise ne paiera que 59 $\frac{7}{8}$ ducats, pour 300 liv. qu'il recevra.

PARIS ET BERGAME.

Pair d'un écu de 3 livres tournois en sols de Bergame.

Places.	*Cours de Paris.*	*Cours de Bergame.*
Paris.		119
Amsterdam.	56 ½	85
Londres.	31 ¼	45 liv. 4 s.
Hambourg.	178	70 ¼
Auguste et Vienne	51	103 ½
Livourne.	96	185
Gênes.	95	32
Rome.	103	202
Venise.	60 ½	103
Milan	55	213

OBSERVATION.

Paris donne le prix certain à Bergame, c'est-à-dire, un écu de 3 livres pour 119 sols de Bergame, plus ou moins; ainsi, lorsque Paris aura à *remettre* à Bergame, il doit se servir de la Place qui établira le plus haut change, parce qu'alors il recevra plus de sols de Bergame pour un écu de 3 livres qu'il donnera: et au contraire, lorsque Paris aura à *tirer* sur Bergame, il doit se servir de la Place qui établira le plus bas change, parce qu'alors il donnera moins de sols de Bergame, pour un écu de 3 livres qu'il recevra.

PARIS ET BERGAME
PAR AMSTERDAM.

On veut savoir à combien reviendra le change entre Paris et Bergame, en remettant à cette derniere Place du papier sur Amsterdam, pris à Paris à 56 $\frac{1}{2}$ deniers de gros pour un écu de 3 livres, et négocié à Bergame à 85 sols, pour un florin banco.

INSTRUCTION.

Multipliez le change de Paris sur Amsterdam, par celui de Bergame sur Amsterdam, et divisez le produit par 40, nombre fixe.

			56 $\frac{1}{2}$
		Par.	85
			280
Div.	40		448
Rép.	120 $\frac{1}{16}$		42 $\frac{1}{2}$
			4802 $\frac{1}{2}$
			80
			02
			16
			40
			0

PARIS ET BERGAME PAR LONDRES.

ON veut savoir à combien reviendra le change entre Paris et Bergame, en remettant à cette dernière Place du papier sur Londres, pris à Paris à 31 $\frac{1}{4}$ deniers sterlings pour un écu de 3 livres, et négocié à Bergame à 45 livres 4 sols, pour une livre sterling.

INSTRUCTION.

Multipliez le change de Paris sur Londres, par celui de Bergame sur Londres, et divisez le produit par 12, nombre fixe.

			31 $\frac{1}{4}$
		Par	45 liv. 4 s.
			155
			124
			6 . 4
			11 . 6
Div.	12		1412 . 10
Rép.	117 $\frac{11}{12}$		21
			92
			8
			16
			136
			16
			4

PARIS ET BERGAME
PAR HAMBOURG.

On veut savoir à combien reviendra le change entre Paris et Bergame, en remettant à cette derniere Place du papier sur Hambourg, pris à Paris à 178 liv. pour 100 marcs lubs banco; et négocié à Bergame à 70 $\frac{1}{4}$ sols, pour un marc lubs banco.

INSTRUCTION.

Multipliez 300, nombre fixe, par le change de Bergame sur Hambourg, et divisez le produit par celui de Paris sur Hambourg.

	300
	Par 70 $\frac{1}{4}$
	21000
	75
Div. 178	21075
Rép. 118 $\frac{6}{16}$ *ou* $\frac{3}{8}$	327
	1495
	71
	16
	426
	71
	1136
	68

PARIS ET BERGAME

PAR AUGUSTE ET VIENNE.

ON veut savoir à combien reviendra le change entre Paris et Bergame, en remettant à cette derniere Place du papier sur Auguste ou Vienne, pris à Paris à 51 sols pour un florin courant, et négocié à Bergame à 103 $\frac{1}{2}$ sols, pour un florin courant.

INSTRUCTION.

Multipliez le change de Bergame sur Auguste et Vienne, par 60, nombre fixe, et divisez le produit par celui de Paris sur Auguste et Vienne.

			103 $\frac{1}{2}$
		Par	60
			6210
			111
			90
			39
Div.	51		16
Rép.	121 $\frac{12}{16}$ ou $\frac{3}{4}$		234
			39
			624
			114
			12

PARIS ET BERGAME

PAR LIVOURNE.

ON veut savoir à combien reviendra le change entre Paris et Bergame, en remettant à cette dernière Place du papier sur Livourne, pris à Paris à 96 sols pour une piastre ; et négocié à Bergame à 185 sols de Bergame, pour une piastre.

INSTRUCTION.

Multipliez le change de Bergame sur Livourne par 60, nombre fixe, et divisez le produit par celui de Paris sur Livourne.

			185
		Par	60
			11100
Div.	96		150
Rép.	115 $\frac{10}{16}$ *ou* $\frac{5}{8}$		540
			60
			16
			960
			00

PARIS ET BERGAME
PAR GÊNES.

ON veut savoir à combien reviendra le change entre Paris et Bergame, en remettant à cette dernière Place du papier sur Gènes, pris à Paris à 95 sols pour une piastre, et négocié à Bergame à 32 sols de Bergame, pour une livre hors de banque.

INSTRUCTION.

Multipliez 345, nombre fixe, par le change de Bergame sur Gênes, et divisez le produit par celui de Paris sur Gênes.

	345
Par	32
	690
	1035
Div. 95	11040
Rép. 116 $\frac{3}{16}$	154
	590
	20
	16
	320
	35

PARIS ET BERGAME

PAR ROME.

On veut savoir à combien reviendra le change entre Paris et Bergame, en remettant à cette dernière Place du papier sur Rome, pris à Paris à 103 sols pour un écu monnoie, et négocié à Bergame à 202 sols, pour un écu monnoie.

INSTRUCTION.

Multipliez le change de Bergame sur Rome, par 60, nombre fixe, et divisez le produit par celui de Paris sur Rome.

		202
		Par 60
		12120
		182
Div.	103	790
Rép.	117 $\frac{10}{16}$ *ou* $\frac{5}{8}$	69
		16
		414
		69
		1104
		74

PARIS ET BERGAME

PAR VENISE.

ON veut savoir à combien reviendra le change entre Paris et Bergame, en remettant à cette derniere Place du papier sur Venise, pris à Paris à 60 ½ ducats banco, pour 100 écus de 3 livres, et négocié à Bergame à 103 livres de Bergame, pour 100 livres de Venise.

INSTRUCTION.

Multipliez 192, nombre fixe, par le change de Paris sur Venise, et par celui de Bergame sur Venise, et divisez le produit par 10000, nombre fixe.

```
                          192
                   Par    60 ½
                   -----------
                      11520
                         96
                   -----------
                      11616
                        103
                   -----------
Div.  1|0000          34848
-------------------  11616
Rép.    119 10/16 ou ⅝ -----------
                     119|6448
                          16
                   -----------
                      38688
                      6448
                   -----------
                      10|3168
```

PARIS ET BERGAME
PAR MILAN.

On veut savoir à combien reviendra le change entre Paris et Bergame, en ordonnant à cette derniere Place de tirer sur Milan à 213 sols, pour 7 liv. courantes de Milan, et à cette derniere Place de prendre son rembours sur Paris à 55 sols impériaux, pour un écu de 3 livres.

INSTRUCTION.

Multipliez 75, nombre fixe, par le change de Milan sur Paris, et par celui de Bergame sur Milan; et divisez le produit par 7420, nombre fixe.

```
                              75
                     Par      55
                          ------
                             375
                            375
                          ------
                            4125
                             213
                          ------
                           12375
                           4125
Div.     7420             8250
-----------------------   ------
Rép.     118 6/10 ou 3/5  878625
                          13662
                           62425
                            3065
                              16
                          ------
                           49040
                            4520
```

RÉCAPITULATION DES ÉGALITÉS *ENTRE PARIS ET BERGAME.*

PAR Amsterdam,	vient	120 $\frac{1}{16}$
Londres.		117 $\frac{11}{16}$
Auguste, *bon pour remettre.*		121 $\frac{3}{4}$
Livourne, *bon pour tirer.*		115 $\frac{5}{8}$
Gênes.		116 $\frac{13}{16}$
Rome.		117 $\frac{5}{8}$
Venise.		117 $\frac{5}{8}$
Milan.		118 $\frac{1}{8}$
Bergame pour Paris, supposé.		119

Premiere application pour remettre.

Si un négociant de Paris avoit des fonds à remettre à Bergame pour son compte ; ou des retours pour compte d'ami, au lieu que son ami de ladite Place tire sur lui au change de 119 sols pour un écu de 3 livres, il doit prendre du papier sur Auguste à 51, et le remettre à Bergame pour y être négocié à 103 $\frac{1}{2}$; par cette remise, il s'établira un change de 121 $\frac{3}{4}$, c'est-à-dire, que son ami de Bergame recevra 121 $\frac{3}{4}$ sols pour un écu de 3 livres.

Seconde application pour tirer.

Si ce même négociant de Paris avoit des fonds à Bergame, au lieu que son ami de ladite Place lui en fît remise au change de 119 sols de Bergame pour un écu de 3 livres, il doit lui ordonner de les remettre à Livourne à 185 ; et à cette derniere Place d'en faire le retour sur Paris à 96 (ou tirer lui-même sur Livourne audit prix) ; par cette circulation, il s'établira un change de 115 $\frac{5}{8}$, c'est-à-dire, que son ami de Bergame ne payera que 115 $\frac{5}{8}$ sols, pour un écu de 3 livres.

PARIS ET BOLOGNE.

Pair d'un écu de 3 liv. tournois en sols de Bologne.

Places.	*Cours de Paris.*	*Cours de Bologne.*
Paris.		56
Amsterdam.	56 ½	42
Livourne.	96	89
Gênes.	95	90 ¾
Vienne.	51	49 ¼
Venise.	60 ½	59
Rome.	103	98 ½
Naples.	84	81 ¼
Milan.	55	85

OBSERVATION.

Paris donne le prix certain à Bologne; c'est-à-dire, un écu de 3 livres pour 56 sols, plus ou moins; ainsi, lorsque Paris aura à *remettre* à Bologne, il doit se servir de la Place qui établira le plus haut change, parce qu'alors, il recevra plus de sols de Bologne pour un écu de 3 livres qu'il donnera; et au contraire, lorsque Paris aura à *tirer* sur Bologne, il doit se servir de la Place qui établira le plus bas change, parce qu'alors, il donnera moins de sols de Bologne pour un écu de 3 livres qu'il recevra.

PARIS

PARIS ET BOLOGNE

PAR AMSTERDAM.

On veut savoir à combien reviendra le change entre Paris et Bologne, en remettant à cette dernière Place du papier sur Amsterdam, pris à Paris à 56 ½ deniers de gros pour un écu de 3 livres, et négocié à Bologne à 42 sols, pour un florin banco.

INSTRUCTION.

Multipliez le change de Paris sur Amsterdam, par celui de Bologne sur Amsterdam, et divisez le produit par 40, nombre fixe.

		56 ½
	Par	42
		112
		224
Div.	40	21
Rép.	59 3/10	2373
		873
		13
		16
		208
		8

PARIS ET BOLOGNE
PAR LIVOURNE.

On veut savoir à combien reviendra le change entre Paris et Bologne, en remettant à cette derniere Place du papier sur Livourne, pris à Paris à 96 sols pour une piastre, et négocié à Bologne à 89 sols pour une piastre.

INSTRUCTION.

Multipliez le change de Bologne sur Livourne, par 60, nombre fixe, et divisez le produit par celui de Paris sur Livourne.

```
                          89
                    Par   60
                    ----------
                        5340
Div.    96               540
--------------            60
Rép.    55 10/16 ou 5/8   16
                    ----------
                         960
                          00
```

PARIS ET BOLOGNE
PAR GÊNES.

On veut savoir à combien reviendra le change entre Paris et Bologne, en remettant à cette derniere Place du papier sur Gênes, pris à Paris à 95 sols pour une piastre, et négocié à Bologne à 90 ¾ sols de Bologne, pour une piastre hors de banque.

INSTRUCTION.

Multipliez le change de Bologne sur Gênes, par 60, nombre fixe, et divisez le produit par celui de Paris sur Gênes.

			90 ¾
		Par	60
			5400
Div.	95		45
Rép.	57 $\frac{5}{19}$		5445
			695
			30
			16
			480
			5

PARIS ET BOLOGNE
PAR VIENNE.

ON veut savoir à combien reviendra le change entre Paris et Bologne, en remettant à cette derniere Place du papier sur Vienne, pris à Paris à 51 sols pour un florin courant, et négocié à Bologne à 49 $\frac{1}{4}$ sols, pour un florin courant.

INSTRUCTION.

Multipliez le change de Bologne sur Vienne, par 60, nombre fixe, et divisez le produit par celui de Paris sur Vienne.

	49 $\frac{1}{4}$
	Par 60
	2940
Div. 51	15
Rép. 57 $\frac{15}{16}$	2955
	405
	48
	16
	288
	48
	768
	258
	3

PARIS ET BOLOGNE

PAR *VENISE.*

ON veut savoir à combien reviendra le change entre Paris et Bologne, en remettant à cette derniere Place du papier sur Venise, pris à Paris à 60 $\frac{1}{2}$ ducats banco pour 100 écus de 3 livres, et négocié à Bologne à 59 sols, pour un ducat courant.

INSTRUCTION.

Multipliez 12, nombre fixe, par le change de Paris sur Venise, et par celui de Bologne sur Venise; ensuite divisez le produit par 775, nombre fixe.

			12
		Par	60 $\frac{1}{2}$
			726
			59
			6534
			3630
Div.	775		42834
Rép.	55 $\frac{4}{16}$ *ou* $\frac{1}{4}$		4084
			209
			16
			1254
			209
			3344
			244

PARIS ET BOLOGNE
PAR ROME.

ON veut savoir à combien reviendra le change entre Paris et Bologne, en remettant à cette derniere Place du papier sur Rome, pris à Paris à 103 sols pour un écu monnoie, et négocié à Bologne à 98 $\frac{1}{2}$ sols, pour un écu monnoie.

INSTRUCTION.

Multipliez le change de Bologne sur Rome par 60, nombre fixe, et divisez le produit par celui de Paris sur Rome.

			98 $\frac{1}{2}$
		Par	60
			5910
			760
			39
Div.	103		16
Rép.	57 $\frac{6}{16}$ ou $\frac{3}{8}$		234
			39
			624
			6

PARIS ET BOLOGNE

PAR NAPLES.

ON veut savoir à combien reviendra le change entre Paris et Bologne, en remettant à cette derniere Place du papier sur Naples, pris à Paris à 84 sols pour un ducat, et négocié à Bologne à 81 $\frac{1}{4}$ sols, pour un ducat.

INSTRUCTION.

Multipliez le change de Bologne sur Naples, par 60, nombre fixe, et divisez le produit par celui de Paris sur Naples.

			81 $\frac{1}{4}$
		Par	60
			4860
Div.	84		15
Rép.	58		4875
			675
			3
			16
			48

PARIS ET BOLOGNE
PAR MILAN.

ON veut savoir à combien reviendra le change entre Paris et Bologne, en ordonnant à cette derniere Place de tirer sur Milan à 85 sols pour 6 livres courantes, et à Milan de prendre son rembours sur Paris à 55 sols impériaux, pour un écu de 3 livres.

INSTRUCTION.

Multipliez le change de Milan sur Bologne, par celui de Milan sur Paris, et par 5, nombre fixe; ensuite divisez le produit par 424, nombre fixe.

	85
	Par 55
	425
	425
	4675
Div. 424	5
Rép. 55 $\frac{2}{16}$ *ou* $\frac{1}{8}$	23375
	2175
	55
	16
	880
	32

RÉCAPITULATION DES ÉGALITÉS *ENTRE PARIS ET BOLOGNE.*

PAR Amsterdam, *bon pour remettre*, vient, 59 $\frac{5}{8}$
Livourne. . . . . 55 $\frac{5}{8}$
Gênes, *bon pour tirer*, ... 55 $\frac{1}{16}$
Vienne, ... 57 $\frac{15}{16}$
Venise, ... 55 $\frac{1}{4}$
Rome, ... 57 $\frac{3}{8}$
Naples, ... 58
Milan, ... 55 $\frac{1}{8}$
Bologne pour Paris, supposé. 56

Première application pour remettre.

Si un négociant de Paris avoit des fonds à remettre à Bologne, au lieu que son ami de ladite Place tire sur lui au change de 56 sols de Bologne pour un écu de 3 livres; il doit prendre du papier sur Amsterdam à 56 $\frac{1}{2}$, et le remettre à Bologne pour y être négocié à 42. Par cette remise, il s'établira un change de 59 $\frac{5}{8}$, c'est-à-dire, que son ami de Bologne recevra 59 $\frac{5}{8}$ sols, pour un écu de 3 livres.

Seconde application pour tirer.

Si ce même négociant de Paris avoit des fonds à Bologne, au lieu que son ami de ladite Place lui en fît remise sur Paris, au change de 56 sols de Bologne pour un écu de 3 livres, il doit lui ordonner de les remettre à Gênes à 112, et à cette derniere Place d'en faire le retour sur Paris à 95, (ou tirer lui-même sur Gênes audit prix); par cette circulation il s'établira un change de 55 $\frac{1}{16}$, c'est-à-dire, que son ami de Bologne ne payera que 55 $\frac{1}{16}$ sols, pour un écu de 3 livres.

PARIS ET ROME.

Pair d'un écu monnoie en sols tournois.

Places.	*Cours de Paris*	*Cours de Rome.*
Paris.		105
Amsterdam.	56 ½	40
Cadix et Madrid.	15 liv. 4 s.	570
Venise.	60 ½	62
Milan.	55	80
Livourne.	96	92
Gênes.	95	126
Bologne.	55 ¼	96 ½ (*a*)
Naples.	84	124
Lisbonne.	462	1240
Turin.	50	88 (*b*)

OBSERVATION.

Paris donne le prix incertain à Rome; c'est-à-dire, 105 sols, plus ou moins, pour un écu monnoie; ainsi, lorsque Paris aura à *remettre* à Rome, il doit se servir de la Place qui établira le plus bas change; parce qu'alors, il donnera moins de sols pour un écu monnoie qu'il recevra; et au contraire, lorsque Paris aura à *tirer* sur Rome, il doit se servir de la Place qui établira le plus haut change, parce qu'alors, il recevra plus de sols pour un écu qu'il fera payer à Rome.

(*a*) Cours de Bologne sur Rome.
(*b*) Cours de Turin sur Rome.

PARIS ET ROME PAR AMSTERDAM.

ON veut savoir à combien reviendra le change entre Paris et Rome, en remettant à cette derniere Place du papier sur Amsterdam, pris à Paris à 56 ½ deniers de gros pour un écu de 3 livres, et négocié à Rome à 40 bayocs, pour un florin banco.

INSTRUCTION.

Divisez 240000, nombre fixe, par le change de Paris sur Amsterdam, multiplié par celui de Rome sur Amsterdam.

	56 ½	
	40	
Div.	226|0	24000|0
Rép.	106 $\frac{3}{11}$	1400
		44
		16
		704
		26

PARIS ET ROME
PAR CADIX ET MADRID.

ON veut savoir à combien reviendra le change entre Paris et Rome, en remettant à cette dernière Place du papier sur Cadix ou Madrid, pris à Paris à 15 livres 4 sols pour une pistole de 32 réaux, platte-vieille, et négocié à Rome à 570 maravédis, pour un écu d'or stampe.

INSTRUCTION.

Multipliez 625, nombre fixe, par le change de Rome sur Cadix ou Madrid, et par celui de Paris sur Cadix ou Madrid : ensuite divisez le produit par 51782, nombre fixe.

		625
		Par 570
		43750
		3125
		356250
		15 . 4
Div.	51782	1781250
Rép.	$104 \frac{9}{10}$	356250
		71250
		5415000
		236800
		29672
		16
		178032
		29672
		474752
		8714

LYON ET ROME
PAR CADIX ET MADRID.

On veut savoir à combien reviendra le change entre Lyon et Rome, en remettant à cette derniere Place du papier sur Cadix ou Madrid, pris à Lyon, à 76 sols pour une piastre, et négocié à Rome à 570 maravédis, pour un écu d'or stampe.

INSTRUCTION.

Multipliez 250, nombre fixe, par le change de Rome sur Cadix ou Madrid, et par celui de Lyon sur Cadix ou Madrid: ensuite divisez le produit par 103564, nombre fixe.

		250
		Par 570
		17500
		1250
		142500
Div.	103564	76
Rép.	104 $\frac{9}{16}$	855000
		997500
		10830000
		473600
		59344
		16
		356064
		59344
		949504
		17428

PARIS ET ROME

PAR VENISE.

On veut savoir à combien reviendra le change entre Paris et Rome, en remettant à cette derniere Place du papier sur Venise, pris à Paris à 60 ½ ducats pour 100 écus de 3 livres, et négocié à Rome à 62 écus d'or stampe, pour 108 ducats banco.

INSTRUCTION.

Divisez 600000000, nombre fixe, par 1523, nombre fixe, multiplié par le change de Rome sur Venise, et par celui de Paris sur Venise.

```
       1523
         62
-----------
       3046
       9138
-----------
      94426
       60 ½
-----------
    5665560
      47213
-----------
Div. 5712773
-----------
Rép.     105
```

```
  600000000
   28722700
     158835
         16
-----------
     953010
     158835
-----------
    2541360
```

PARIS ET ROME

PAR MILAN.

ON veut savoir à combien reviendra le change entre Paris et Rome, en ordonnant à cette derniere Place de tirer sur Milan, à 80 écus d'or stampe, pour 100 écus de 117 sols impériaux, et à Milan de prévaloir sur Paris à 55 sols impériaux, pour un écu de 60 sols.

INSTRUCTION.

Divisez 702000000, nombre fixe, par 1523, nombre fixe, multiplié par le change de Rome sur Milan, et par celui de Milan sur Paris.

1523
80
———
121840
55
———
609200
609200
———
Div. 67012|00
———
Rép. $104 \frac{12}{16}$ *ou* $\frac{3}{4}$

7020000|00
318800
50752
16
———
304512
50752
———
812032
141912
7888

PARIS ET ROME
PAR LIVOURNE.

On veut savoir à combien reviendra le change entre Paris et Rome, en remettant à cette derniere Place du papier sur Livourne, pris à Paris à 96 sols pour une piastre, et négocié à Rome à 92 bayocs, pour la même piastre.

INSTRUCTION.

Multipliez le change de Paris sur Livourne, par 100, nombre fixe, et divisez le produit par celui de Rome sur Livourne.

			96
		Par	100
			9600
Div.	92		400
Rép.	104 $\frac{5}{23}$		32
			16
			512
			52

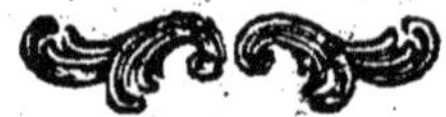

PARIS

PARIS ET ROME

PAR GÊNES.

ON veut savoir à combien reviendra le change entre Paris et Rome, en remettant à cette derniere Place du Papier sur Gênes, pris à Paris à 95 sols pour une piastre, et négocié à Rome à 126 sols hors de banque, pour un écu monnoie.

INSTRUCTION.

Multipliez le change de Rome sur Gênes, par celui de Paris sur Gênes, et divisez le produit par 115, nombre fixe.

			126
		Par	95
			630
			1134
Div.	115		11970
Rép.	104 $\frac{1}{16}$		470
			10
			16
			160
			45

PARIS ET ROME
PAR BOLOGNE.

ON veut savoir à combien reviendra le change entre Paris et Rome, en ordonnant à Bologne de remettre à Rome à 96 ½ sols pour un écu monnoie, et de prendre son rembours sur Paris à 55 ¼ sols pour un écu de 60 sols.

INSTRUCTION.

Multipliez le change de Bologne sur Rome par 60, nombre fixe, et divisez le produit par celui de Bologne sur Paris.

			96 ½
		Par	60
			5790
			4 Fr.
			23160
			1060
55 ¼			176
4			16
Div.	221		1056
Rép.	104 $\frac{12}{16}$ *ou* ¾		176
			2816
			606
			164

PARIS ET ROME
PAR NAPLES.

On veut savoir à combien reviendra le change entre Paris et Rome, en remettant à cette derniere Place du papier sur Naples, pris à Paris à 84 sols pour un ducat, et négocié à Rome à 124 ducats pour 100 écus monnoie.

INSTRUCTION.

Multipliez le change de Rome sur Naples, par celui de Paris sur Naples, et divisez le produit par 100, nombre fixe.

		124
	Par	84
		496
		992
		104|16
Div.	100	16
Rép.	104 $\frac{2}{13}$ *ou* $\frac{1}{8}$	2|56

PARIS ET ROME
PAR LISBONNE.

ON veut savoir à combien reviendra le change entre Paris et Rome, en remettant à cette derniere Place du Papier sur Lisbonne, pris à Paris à 462 res pour un écu de 60 sols, et négocié à Rome à 1240 res, pour un écu d'or stampe.

INSTRUCTION.

Multipliez le change de Rome sur Lisbonne par 60000, nombre fixe, et divisez le produit par 1523, nombre fixe, multiplié par le change de Paris sur Lisbonne.

		1240
		Par 60000
	1523	74400000
	462	4037400
	3046	519270
	9138	16
	6092	8115620
Div.	703626	519270
Rép.	105 $\frac{11}{16}$	8308320
		1272060
		568434

PARIS ET ROME

PAR TURIN.

On veut savoir à combien reviendra le change entre Paris et Rome, en ordonnant à Turin de remettre à Rome à 88 sols de Piémont pour un écu monnoie, et de prendre son rembours sur Paris à 50 sols de Piémont, pour un écu de 3 livres.

INSTRUCTION.

Multipliez le change de Turin sur Rome par 60, nombre fixe, et divisez le produit par celui de Turin sur Paris.

			88
		Par	60
			5280
Div.	50		280
Rép.	105 $\frac{9}{1\text{[illegible]}}$		30
			16
			480
			30

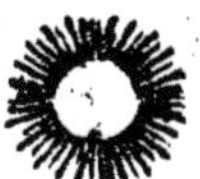

RÉCAPITULATION DES EGALITÉS ENTRE PARIS ET ROME.

PAR Amsterdam, *bon pour tirer*, vient	106 $\frac{3}{16}$
Cadix et Madrid.	104 $\frac{9}{16}$
Venise.	105
Milan.	104 $\frac{3}{4}$
Livourne.	104 $\frac{5}{16}$
Gênes, *bon pour remettre*. . .	104 $\frac{1}{16}$
Bologne.	104 $\frac{3}{4}$
Naples.	104 $\frac{1}{8}$
Lisbonne.	105 $\frac{11}{16}$
Turin	105 $\frac{9}{16}$
Rome pour Paris, supposé.	105

Premiere application pour remettre.

Si un négociant de Paris avoit des fonds à remettre à Rome pour son compte, au lieu que son ami de ladite Place tire sur lui au change de 105 sols tournois pour un écu monnoie, il doit prendre du papier sur Gênes à 95, et le remettre à Rome pour y être negocié à 126; par cette remise, il s'établira un change de 104 $\frac{1}{16}$; c'est-à-dire, qu'il ne paiera que 104 $\frac{1}{16}$ sols, pour un écu monnoie.

Seconde application pour tirer.

Si ce même négociant de Paris avoit des fonds à Rome, au lieu que son ami de ladite Place lui en fit remise au change de 105 sols pour un écu monnoie, il doit lui ordonner de les remettre à Amsterdam à 40, et à cette derniere Place d'en faire le retour sur Paris à 56 $\frac{1}{2}$, (ou tirer lui-même sur Amsterdam audit prix) ; par cette circulation, il s'établira un change de 106 $\frac{3}{16}$; c'est-à-dire, que son ami de Rome recevra 106 $\frac{3}{16}$ sols, pour un écu monnoie.

PARIS ET NAPLES.

Pair d'un ducat de Naples en sols tournois.

Places.	*Cours de Paris.*	*Cours de Naples.*
Naples.	84	
Livourne.	96	115 $\frac{1}{4}$
Gênes.	95	100
Venise.	60 $\frac{1}{2}$	118
Rome.	103	120 $\frac{1}{4}$
Amsterdam.	56 $\frac{1}{4}$	50 $\frac{1}{2}$
Londres.	31 $\frac{1}{4}$	43 $\frac{1}{2}$
Hambourg.	178	42 $\frac{3}{4}$
Vienne.	51	59
Cadix et Madrid.	15 liv. 4 s.	86 $\frac{1}{2}$
Lisbonne.	462	650

OBSERVATION.

Paris donne le prix incertain à Naples, c'est-à-dire, 84 sols, plus ou moins pour un ducat; ainsi, lorsque Paris aura à *remettre* à Naples, il doit se servir de la Place qui établira le plus bas change, parce qu'alors il donnera moins de sols pour un ducat qu'il recevra; et au contraire, lorsque Paris aura à *tirer* sur Naples, il doit se servir de la Place qui établira le plus haut change, parce qu'alors il recevra plus de sols pour un ducat qu'il fera payer à Naples.

PARIS ET NAPLES

PAR LIVOURNE.

On veut savoir à combien reviendra le change entre Paris et Naples, en remettant à cette dernière Place du papier sur Livourne, pris à Paris à 96 sols pour une piastre, et négocié à Naples à 115 ¼ ducats, pour 100 piastres.

INSTRUCTION.

Multipliez 100, nombre fixe, par le change de Paris sur Livourne, et divisez le produit par celui de Naples sur Livourne.

```
                              100
                          Par  96
                          -------
                             9600
                              4 Fr.
                          -------
      115 ¼                 38400
        4                    1520
 -------------                137
 Div.  461                     16
 -------------            -------
 Rép.   83 4/18 ou ¼          822
                              137
                          -------
                             2192
                              348
```

PARIS ET NAPLES
PAR GÊNES.

ON veut savoir à combien reviendra le change entre Paris et Naples, en remettant à cette derniere Place du papier sur Gênes, pris à Paris à 95 sols pour une piastre, et négocié à Naples à 100 sols hors de banque pour un ducat.

INSTRUCTION.

Multipliez le change de Paris sur Gênes par celui de Naples sur Gênes, et divisez le produit par 115, nombre fixe.

			95
		Par	100
Div.	115		9500
Rép.	$82 \frac{9}{16}$		300
			70
			16
			420
			70
			1120
			85

PARIS ET NAPLES
PAR VENISE.

On veut savoir à combien reviendra le change entre Paris et Naples, en remettant à cette dernière Place du papier sur Venise, pris à Paris à 60 ½ ducats banco pour 300 livres, et négocié à Naples à 118 ducats, pour 100 ducats banco.

INSTRUCTION.

Divisez 600000, nombre fixe, par le change de Naples sur Venise, multiplié par celui de Paris sur Venise.

	118
	60 ½
	7080
	59
Div.	7139
Rép.	84

600000
28880
324
16
5184

PARIS ET NAPLES
PAR ROME.

ON veut savoir à combien reviendra le change entre Paris et Naples, en ordonnant à Rome de remettre à Naples à 120 $\frac{1}{4}$ ducats pour 100 écus monnoie, et de prendre son rembours sur Paris à 103 sols, pour un écu monnoie.

INSTRUCTION.

Multipliez le change de Rome sur Paris par 100, nombre fixe, et divisez le produit par celui de Rome sur Naples.

$$
\begin{array}{r}
103 \\
\text{Par} \quad 100 \\
\hline
10300 \\
/ \quad 4 \text{ Fr.} \\
\hline
41200 \\
2720 \\
315 \\
16 \\
\hline
5040 \\
230
\end{array}
\qquad
\begin{array}{l}
120\ \frac{1}{4} \\
\quad 4 \\
\hline
\text{Div. } 481 \\
\hline
\text{Rép. } 85\ \frac{10}{10} \text{ ou } \frac{5}{8}
\end{array}
$$

PARIS ET NAPLES
PAR AMSTERDAM.

On veut savoir à combien reviendra le change entre Paris et Naples, en remettant à cette derniere Place du papier sur Amsterdam, pris à Paris à 56 $\frac{1}{4}$ deniers de gros pour un écu de 60 sols, et négocié à Naples à 50 $\frac{1}{2}$ grains, pour un florin banco.

INSTRUCTION.

Divisez 240000 par le change de Paris sur Amsterdam, multiplié par celui de Naples sur Amsterdam.

	56 $\frac{1}{4}$		
	50 $\frac{1}{2}$		240000
			8 Fr.
	2800		1920000
	28		102000
	12 $\frac{5}{8}$		11100
	2840 $\frac{5}{8}$		16
	8		
Div.	22725		177600
Rép.	84 $\frac{7}{16}$		18525

PARIS ET NAPLES
PAR LONDRES.

On veut savoir à combien reviendra le change entre Paris et Naples, en remettant à cette derniere Place du papier sur Londres, pris à Paris à 31 $\frac{1}{4}$ deniers sterlings pour un écu de 60 sols, et négocié à Naples à 43 $\frac{1}{2}$ deniers sterlings pour un ducat.

INSTRUCTION.

Multipliez le change de Naples sur Londres par 60, nombre fixe, et divisez le produit par celui de Paris sur Londres.

	43 $\frac{1}{2}$
Par	60
	2610
	4 Fr.
	10440
	440
	65
	16
	1040
	40

	31 $\frac{1}{4}$
	4
Div.	125
Rép.	83 $\frac{8}{16}$ *ou* $\frac{1}{2}$

PARIS ET NAPLES
PAR HAMBOURG.

On veut savoir à combien reviendra le change entre Paris et Naples, en remettant à cette derniere Place du papier sur Hambourg, pris à Paris à 178 liv. pour 100 marcs lubs banco, et négocié à Naples à 42 $\frac{3}{4}$ grains, pour un marc lubs banco.

INSTRUCTION.

Multipliez le change de Paris sur Hambourg par 20, nombre fixe, et divisez le produit par celui de Naples sur Hambourg.

```
                          178
                    Par    20
                    ----------
                         3560
                            4 Fr.
                    ----------
                        14240
                          560
                           47
                           16
                    ----------
       42 3/4             282
        4                  47
     ----------     ----------
Div.   171                752
     ----------
Rép.   83 4/16 ou 1/4      68
```

PARIS ET NAPLES
PAR VIENNE.

On veut savoir à combien reviendra le change entre Paris et Naples, en remettant à cette derniere Place du papier sur Vienne, pris à Paris à 51 sols pour un florin, et négocié à Naples à 59 grains pour un florin.

INSTRUCTION.

Multipliez le change de Paris sur Vienne, par 100, nombre fixe, et divisez le produit par celui de Naples sur Vienne.

			51
		Par	100
			5100
Div.	59		380
Rép.	86 $\frac{7}{16}$		26
			16
			416
			3

PARIS ET NAPLES
PAR CADIX ET MADRID.

ON veut savoir à combien reviendra le change entre Paris et Naples, en remettant à cette derniere Place du papier sur Cadix ou Madrid, pris à Paris à 15 livres 4 sols pour une pistole de 4 piastres, et négocié à Naples à 86 ½ grains pour une piastre.

INSTRUCTION.

Multipliez le change de Paris (réduit en sols) sur Cadix ou Madrid par 25, nombre fixe, et divisez le produit par celui de Naples sur Cadix ou Madrid.

			304
		Par	25
			1520
			608
	86 ½		7600
	2		2 Fr.
Div.	173		15200
Rép.	87 $\frac{11}{16}$		1360
			149
			16
			894
			149
			2384
			654
			135

LYON ET NAPLES PAR CADIX ET MADRID.

ON veut savoir à combien reviendra le change entre Lyon et Naples, en remettant à cette derniere Place du papier sur Cadix ou Madrid, pris à Lyon à 76 sols pour une piastre, et négocié à Naples à 86 $\frac{1}{2}$ grains pour une piastre.

INSTRUCTION.

Multipliez le change de Lyon sur Cadix ou Madrid par 100, nombre fixe, et divisez le produit par celui de Naples sur Cadix ou Madrid.

			76
		Par	100
			7600
			2 Fr.
			15200
	86 $\frac{1}{2}$		1360
	2		149
Div.	173		16
Rép.	87 $\frac{13}{16}$		894
			149
			2384
			654
			135

PARIS ET NAPLES

PAR LISBONNE.

ON veut savoir à combien reviendra le change entre Paris et Naples, en remettant à cette derniere Place du papier sur Lisbonne, pris à Paris à 462 res pour un écu de 60 sols, et négocié à Naples à 650 res pour un ducat.

INSTRUCTION.

Multipliez le change de Naples sur Lisbonne par 60, nombre fixe, et divisez le produit par celui de Paris sur Lisbonne.

			650
		Par	60
			39000
Div.	462		2040
Rép.	84 $\frac{6}{16}$ *ou* $\frac{3}{8}$		192
			16
			1152
			192
			3072
			300

RÉCAPITULATION DES ÉGALITÉS ENTRE PARIS ET NAPLES.

PAR Livourne,	vient	83 $\frac{1}{4}$
Gênes, *bon pour remettre.*		82 $\frac{9}{16}$
Venise.		84
Rome.		85 $\frac{5}{8}$
Amsterdam		84 $\frac{7}{16}$
Londres.		83 $\frac{1}{2}$
Hambourg.		83 $\frac{1}{4}$
Vienne.		86 $\frac{7}{16}$
Cadix et Madrid, *bon pour tirer.*		87 $\frac{13}{16}$
Lisbonne.		84 $\frac{3}{8}$
Paris pour Naples, supposé.		84

Premiere application pour remettre.

Si un négociant de Paris avoit des fonds à remettre à Naples pour son compte, ou des retours pour compte d'ami, au lieu de faire la remise en papier sur ladite Place, qui lui coûteroit 84 sols pour un ducat, il doit prendre du papier sur Gênes à 95, et le remettre à Naples pour y être négocié à 100. Par cette remise, il s'établira un change de 82 $\frac{9}{16}$, c'est-à-dire, qu'il ne payera que 82 $\frac{9}{16}$ sols, pour un ducat qu'il recevra.

Seconde application pour tirer.

Si ce même négociant de Paris avoit à tirer sur Naples, au lieu de le faire à droiture en donnant un ducat pour recevoir 84 sols, il doit ordonner à Naples de remettre pour son compte à Cadix à 86 $\frac{1}{2}$, et à cette derniere Place d'en faire le retour sur Paris à 15 $\frac{1}{4}$, (ou tirer lui-même sur Cadix audit prix); par cette circulation, il s'établira un change de 87 $\frac{13}{16}$, c'est-à-dire, qu'il recevra 87 $\frac{13}{16}$ sols, pour un ducat qu'il fera payer à Naples.

PARIS ET NAPLES.

Pair d'une livre tournois en grains de Naples.

Places.	*Cours de Paris.*	*Cours de Naples.*
Paris.		23 $\frac{3}{4}$
Livourne.	96	115 $\frac{1}{4}$
Gênes.	95	100
Venise.	60 $\frac{1}{2}$	118
Rome.	103	120 $\frac{1}{4}$
Amsterdam	56 $\frac{1}{4}$	50 $\frac{1}{4}$
Londres	31 $\frac{1}{4}$	43 $\frac{1}{2}$
Hambourg.	178	42 $\frac{3}{4}$
Vienne.	51	59
Cadix et Madrid.	15 l. 4 s.	86 $\frac{1}{2}$
Lisbonne	462	650

OBSERVATION.

Paris donne le prix certain à Naples, c'est-à-dire, une livre pour 23 $\frac{3}{4}$ grains, plus ou moins ; ainsi, lorsque Paris aura à *remettre* à Naples, il doit se servir de la Place qui établira le plus haut change, parce qu'alors il recevra plus de grains pour une livre qu'il donnera ; et au contraire, lorsque Paris aura à *tirer* sur Naples, il doit se servir de la Place qui établira le plus bas change, parce qu'alors il donnera moins de grains pour une livre qu'il recevra.

PARIS ET NAPLES

PAR LIVOURNE.

ON veut savoir à combien reviendra le change entre Paris et Naples, en remettant à cette derniere Place du papier sur Livourne, pris à Paris à 96 sols pour une piastre, et négocié à Naples à 115 ¼ ducats pour 100 piastres.

INSTRUCTION.

Multipliez le change de Naples sur Livourne par 20, nombre fixe, et divisez le produit par celui de Paris sur Livourne.

			115 ¼
		Par	20
			2305
Div.	96		385
Rép.	24		1

PARIS ET NAPLES PAR GÊNES.

ON veut savoir à combien reviendra le change entre Paris et Naples, en remettant à cette derniere Place du papier sur Gênes, pris à Paris à 95 sols pour une piastre, et négocié à Naples à 100 sols hors de banque pour un ducat.

INSTRUCTION.

Divisez 230000, nombre fixe, par le change de Paris sur Gênes, multiplié par celui de Naples sur Gênes.

	95	2300|00
Par	100	400
Div.	95|00	20
Rép.	$24 \frac{3}{13}$	16
		320
		35

PARIS ET NAPLES
PAR VENISE.

On veut savoir à combien reviendra le change entre Paris et Naples, en remettant à cette derniere Place du papier sur Venise, pris à Paris à 60 $\frac{1}{2}$ ducats banco pour 300 livres, et négocié à Naples à 118 ducats, pour 100 ducats banco.

INSTRUCTION.

Multipliez 100, nombre fixe, par le change de Paris sur Venise, et par celui de Naples sur Venise, ensuite divisez le produit par 30000, nombre fixe.

```
                                 100
                        Par       60 1/2
                              ----------
                                6050
                                 118
                              ----------
                               48400
                               6050
                              6050
                              ----------
Div.  300|00                   7139|00
----------------------         1139
Rép.        23 12/16 ou 3/4     239
                                 16
                              ----------
                                1434
                                 239
                              ----------
                                3824
                                 824
                                 224
```

PARIS ET NAPLES
PAR ROME.

ON veut savoir à combien reviendra le change entre Paris et Naples, en ordonnant à Rome de remettre à Naples à 120 ¼ ducats pour 100 écus monnoie, et de prendre son rembours sur Paris à 103 sols, pour un écu monnoie.

INSTRUCTION.

Multipliez le change de Naples sur Rome, par 20, nombre fixe, et divisez le produit par celui de Rome sur Paris.

			120 ¼
		Par	20
			2405
Div.	103		345
Rép.	23 $\frac{5}{16}$		36
			16
			576
			61

PARIS ET NAPLES

PAR AMSTERDAM.

On veut savoir à combien reviendra le change entre Paris et Naples, en remettant à cette derniere Place du papier sur Amsterdam, pris à Paris à 56 $\frac{1}{4}$ deniers de gros pour un écu de 3 livres, et négocié à Naples à 50 $\frac{1}{2}$ grains, pour un florin banco.

INSTRUCTION.

Multipliez le change de Paris sur Amsterdam, par celui de Naples sur Amsterdam, et divisez le produit par 120, nombre fixe.

		56 $\frac{1}{4}$
	Par	50 $\frac{1}{2}$
		2800
		28
		12 $\frac{5}{8}$
		2840 $\frac{5}{8}$
Div. 120		440
Rép. 23 $\frac{10}{16}$ *ou* $\frac{5}{8}$		80
		16
		480
		80
		10
		1290
		90

PARIS ET NAPLES

PAR LONDRES.

On veut savoir à combien reviendra le change entre Paris et Naples, en remettant à cette derniere Place du papier sur Londres, pris à Paris à $31 \frac{1}{4}$ deniers sterlings pour un écu de 3 livres, et négocié à Naples à $43 \frac{1}{2}$ deniers sterlings pour un ducat.

INSTRUCTION.

Multipliez le change de Paris sur Londres par 100, nombre fixe, et divisez le produit par celui de Naples sur Londres, multiplié par 3, nombre fixe.

			$31 \frac{1}{4}$
		Par	100
			3125
			2 Fr.
	$43 \frac{1}{2}$		6250
	2		1030
	87		247
	3		16
Div.	261		1482
Rép.	$23 \frac{15}{16}$		247
			3952
			1342
			37

PARIS ET NAPLES
PAR HAMBOURG.

ON veut savoir à combien reviendra le change entre Paris et Naples, en remettant à cette derniere Place du papier sur Hambourg, pris à Paris à 178 liv. pour 100 marcs lubs banco, et négocié à Naples à 42 ¾ grains, pour un marc lubs banco.

INSTRUCTION.

Multipliez le change de Naples sur Hambourg par 100, nombre fixe, et divisez le produit par celui de Paris sur Hambourg.

			42 ¾
		Par	100
Div.	178		4275
Rép.	24		715
			3
			46
			48

PARIS ET NAPLES

PAR VIENNE.

ON veut savoir à combien reviendra le change entre Paris et Naples, en remettant à cette derniere Place du papier sur Vienne, pris à Paris à 51 sols pour un florin, et négocie à Naples à 59 grains pour un florin.

INSTRUCTION.

Multipliez le change de Naples sur Vienne par 20, nombre fixe, et divisez le produit par celui de Paris sur Vienne.

			59
		Par	20
			1180
Div.	51		160
Rép.	23 $\frac{2}{16}$ *ou* $\frac{1}{8}$		7
			16
			112
			10

PARIS ET NAPLES
PAR CADIX ET MADRID.

On veut savoir à combien reviendra le change entre Paris et Naples, et remettant à cette derniere Place du papier sur Cadix ou Madrid, pris à Paris à 15 livres 4 sols pour une pistole de 4 piastres, et négocié à Naples à 86 $\frac{1}{2}$ grains pour une piastre.

INSTRUCTION.

Multipliez le change de Naples sur Cadix ou Madrid par 80, nombre fixe, et divisez le produit par celui de Paris sur Cadix ou Madrid, multiplié par 20, nombre fixe.

			86 $\frac{1}{2}$
		Par	80
			6920
	15 . 4		840
	20		232
Div.	304		16
Rép.	22 $\frac{12}{16}$ *ou* $\frac{3}{4}$		3712
			672
			64

LYON ET NAPLES
PAR CADIX ET MADRID.

On veut savoir à combien reviendra le change entre Lyon et Naples, en remettant à cette derniere Place du papier sur Cadix ou Madrid, pris à Lyon à 76 sols pour une piastre, et négocié à Naples à 86 $\frac{1}{2}$ grains pour une piastre.

INSTRUCTION.

Multipliez le change de Naples sur Cadix ou Madrid par 20, nombre fixe, et divisez le produit par celui de Lyon sur Cadix ou Madrid.

			86 $\frac{1}{2}$
		Par	20
			1730
			210
			58
			16
Div.	76		348
Rép.	22 $_{16}$ ou $\frac{3}{4}$		58
			928
			168
			16

PARIS ET NAPLES
PAR LISBONNE.

On veut savoir à combien reviendra le change entre Paris et Naples, en remettant à cette derniere Place du papier sur Lisbonne, pris à Paris à 462 res, pour un écu de 60 sols, et négocié à Naples à 650 res pour un ducat.

INSTRUCTION.

Multipliez le change de Paris sur Lisbonne par 100, nombre fixe, et divisez le produit par celui de Naples sur Lisbonne, multiplié par 3, nombre fixe.

	462
	Par 100
650	4620|0
3	720
Div. 195|0	135
Rép. 23 $\frac{11}{16}$	16
	2160
	210
	15

RÉCAPITULATION DES ÉGALITÉS *ENTRE PARIS ET NAPLES.*

PAR Livourne,	vient	24
Gênes, *bon pour remettre.*		24 $\frac{3}{16}$
Venise.		23 $\frac{3}{4}$
Rome.		23 $\frac{5}{16}$
Amsterdam.		23 $\frac{5}{4}$
Londres.		23 $\frac{15}{16}$
Hambourg.		24
Vienne.		23 $\frac{1}{8}$
Cadix et Madrid, *bon pour tirer.*		22 $\frac{3}{4}$
Lisbonne.		23 $\frac{11}{16}$
Naples pour Paris, supposé.		33 $\frac{3}{4}$

Première application pour remettre.

Si un négociant de Paris avoit des fonds à remettre à Naples pour son compte, ou des retours pour compte d'ami, au lieu que son ami de ladite Place tire sur lui au change de 23 $\frac{3}{4}$ grains pour une livre, il doit prendre du papier sur Gênes à 95, et le remettre à Naples pour y être négocié à 100; par cette remise, il s'établira un change de 24 $\frac{3}{16}$; c'est-à-dire, que son ami de Naples recevra 24 $\frac{3}{16}$ grains pour une livre qu'il fera payer à Paris.

Seconde application pour tirer.

Si ce même négociant de Paris avoit des fonds à Naples, au lieu que son ami lui en fit remise au change de 23 $\frac{3}{4}$ grains pour une livre, il doit lui ordonner de les remettre à Cadix à 86 $\frac{1}{2}$, et tirer lui-même sur ladite Place, à 15 liv. 4 sols; par cette circulation, il s'établira un change de 22 $\frac{3}{4}$; c'est-à-dire, que son ami de Naples ne payera que 22 $\frac{3}{4}$ grains, pour une livre qu'il recevra.

PARIS

PARIS, PALERME ET MESSINE.

Pair d'une livre tournois en grains de Palerme et Messine.

Places.	*Cours de Paris.*	*Cours de Palerme et Messine.*
Palerme et Messine.		47
Livourne.	96	. . 11 tarins 5 grains.
Gênes.	95	. . 39
Londres.	31 ¼	. . 52.
Venise.	60 ½	. . 7 tarins 10 grains.
Rome.	103	. . 11 tarins 15 grains.

OBSERVATION.

Paris donne le prix certain à Palerme et Messine; c'est-à-dire, une livre tournois pour 47 grains, plus ou moins; ainsi, lorsque Paris aura à *remettre* à Palerme ou à Messine, il doit se servir de la Place qui établira le plus haut change, parce qu'alors il recevra plus de grains pour une livre qu'il donnera; et au contraire, lorsque Paris aura à *tirer* sur Palerme ou Messine, il doit se servir de la Place qui établira le plus bas change, parce qu'alors il donnera moins de grains pour une livre qu'il recevra.

PARIS, PALERME ET MESSINE *PAR LIVOURNE.*

On veut savoir à combien reviendra le change entre Paris, Palerme et Messine, en remettant à ces dernieres Places du papier sur Livourne, pris à Paris à 96 sols pour une piastre, et négocié à Palerme ou à Messine, à 11 tarins 5 grains, pour une piastre.

INSTRUCTION.

Multipliez 400, nombre fixe, par le change de Palerme sur Livourne, et divisez le produit par celui de Paris sur Livourne.

```
                        400
                  Par    11 . 5
                  ------------
                       4400
                        100
                  ------------
                       4500
                        660
                         84
                         16
                  ------------
                        504
Div.   96                84
------------      ------------
Rep.   46 14/16 ou 7/8  1344
                        384
                         00
```

PARIS, PALERME ET MESSINE
PAR GÊNES.

On veut savoir à combien reviendra le change entre Paris, Palerme et Messine, en remettant à ces dernieres Places du papier sur Gênes, pris à Paris à 95 sols pour une piastre, et négocié à Palerme ou à Messine, à 39 grains, pour une livre hors de banque.

INSTRUCTION.

Multipliez 115, nombre fixe, par le change de Palerme sur Gênes, et divisez le produit par celui de Paris sur Gênes.

			115
		Par	39
			1035
			345
Div.	95		4485
Rép.	$47 \frac{3}{16}$		685
			20
			16
			320
			35

PARIS, PALERME ET MESSINE
PAR LONDRES.

ON veut savoir à combien reviendra le change entre Paris, Palerme et Messine, en remettant à ces dernieres Places du papier sur Londres, pris à Paris à 31 $\frac{1}{4}$ deniers sterlings pour un écu de 3 livres, et négocié à Palerme ou à Messine, à 52 tarins pour une livre sterling.

INSTRUCTION.

Multipliez le change de Palerme sur Londres par celui de Paris sur Londres, et divisez le produit par 36, nombre fixe.

			52
		Par	31 $\frac{1}{4}$
			52
			156
Div.	36		13
Rép.	45 $\frac{2}{16}$ *ou* $\frac{1}{8}$		1625
			185
			5
			16
			80
			8

PARIS, PALERME ET MESSINE
PAR VENISE.

ON veut savoir à combien reviendra le change entre Paris, Palerme et Messine, en remettant à ces dernieres places du papier sur Venise, pris à Paris à 60 ½ ducats banco pour 300 livres, et négocié à Palerme ou à Messine, à 7 tarins 10 grains, pour un ducat courant.

INSTRUCTION.

Multipliez 16, nombre fixe, par le change de Paris sur Venise, et par celui de Palerme sur Venise; ensuite divisez le produit par 155, nombre fixe.

```
                       16
                   Par 60 ½
                   --------
                      968
                      7 . 10
                   --------
                     6776
                      484
                   --------
Div.  155            7260
-----------          1060
Rép.  46 11/16        130
                       16
                   --------
                     2080
                      530
                       65
```

PARIS, PALERME ET MESSINE
PAR ROME.

On veut savoir à combien reviendra le change entre Paris, Palerme et Messine, en remettant à ces dernieres Places du papier sur Rome, pris à Paris à 103 sols pour un écu monnoie, et négocié à Palerme ou à Messine à 11 tarins 15 grains, pour un écu monnoie.

INSTRUCTION.

Multipliez 400, nombre fixe, par le change de Palerme sur Rome, et divisez le produit par celui de Paris sur Rome.

		400
	Par	11.15
		400
		400
		200
Div. 103		100
Rép. $45\frac{10}{16}$ *ou* $\frac{5}{8}$		4700
		580
		65
		16
		1040
		10

RÉCAPITULATION DES ÉGALITÉS *ENTRE PARIS, PALERME ET MESSINE.*

PAR Livourne. . . . . vient 46 $\frac{7}{8}$
Gênes, *bon pour remettre*. . . . 47 $\frac{3}{16}$
Londres, *bon pour tirer*. . . . 45 $\frac{1}{8}$
Venise. . . . . 46 $\frac{13}{16}$
Rome. . . . . 45 $\frac{5}{8}$
Paris, pour Palerme et Messine, supposé. 47

Premiere application pour remettre.

Si un négociant de Paris avoit des fonds à remettre à Palerme ou à Messine, pour son compte, ou des retours pour compte d'ami, au lieu que son ami desdites Places tire sur lui au change de 47 grains pour une livre, il doit prendre du papier sur Gênes à 95, et le remettre à Palerme ou à Messine, pour y être négocié à 39; par cette remise il s'établira un change de 47 $\frac{3}{16}$; c'est-à-dire, que son ami desdites Places recevra 47 $\frac{3}{16}$ grains pour une livre qu'il fera payer à Paris.

Seconde application pour tirer.

Si ce même négociant de Paris avoit des fonds à Palerme ou à Messine, au lieu que son ami desdites Places lui en fît remise au change de 47 grains pour une livre, il doit lui ordonner de les remettre à Londres à 52, et à cette derniere Place d'en faire le retour sur Paris à 31 $\frac{1}{4}$, (ou tirer lui-même sur Londres audit prix); par cette circulation, il s'établira un change de 45 $\frac{1}{8}$; c'est-à-dire, que son ami de Palerme ou de Messine ne payera que 45 $\frac{1}{8}$ grains pour une livre.

PARIS, CADIX ET MADRID;

Pair d'une pistole de 32 réaux, platte-vieille, en livres tournois.

Places.	*Cours de Paris.*	*Cours de Cadix et Madrid.*
Cadix et Madrid. .	15 liv. 4 s. .	
Amsterdam. . .	56 ½ . . .	98
Londres.. . . .	31 ¼ . . .	40
Livourne. . . .	96 . . .	127
Gênes.	95 . . .	125
Hambourg. . . .	178 . . .	95
Lisbonne. . . .	476 . . .	2400

Cours de Madrid sur Gênes.

Gênes.	95 . . .	23

OBSERVATION.

Paris donne le prix incertain à Cadix et Madrid, c'est-à-dire, 15 livres 4 sols, plus ou moins, pour une pistole de 32 réaux, platte-vieille; ainsi, lorsque Paris aura à *remettre* à Cadix ou Madrid, il doit se servir de la Place qui établira le plus bas change, parce qu'alors il donnera moins de livres pour une pistole de 32 réaux qu'il recevra; et au contraire, lorsque Paris aura à *tirer* sur Cadix ou Madrid, il doit se servir de la Place qui établira le plus haut change, parce qu'alors il recevra plus de livres pour une pistole qu'il fera payer à Cadix ou Madrid.

PARIS, CADIX ET MADRID
PAR AMSTERDAM.

On veut savoir à combien reviendra le change entre Paris, Cadix et Madrid, en remettant à ces dernieres Places du papier sur Amsterdam, pris à Paris à 56 $\frac{1}{2}$ deniers de gros banco, pour un écu de 3 livres, et négocié à Cadix ou à Madrid à 98 deniers de gros, pour un ducat de 375 maravédis.

INSTRUCTION.

Multipliez 1088, nombre fixe, par le change de Cadix ou Madrid sur Amsterdam, et divisez le produit par celui de Paris sur Amsterdam, multiplié par 125, nombre fixe.

	1088
	Par 98
	8704
	9792
$56\frac{1}{2}$	106624
2	2 Fr.
113	213248
125	71998
565	1873
226	20
112	27460
Div. 14125	13335
Rép. 15 l. 1 s. 11 d.	12
	160020
	18770
	4645

PARIS, CADIX ET MADRID
PAR LONDRES.

ON veut savoir à combien reviendra le change entre Paris, Cadix et Madrid, en remettant à ces dernieres Places du papier sur Londres, pris à Paris à 31 ¼ deniers sterlings pour un écu de 3 livres, et négocié à Cadix ou à Madrid à 40 den. sterlings, pour une piastre de 8 réaux platte-vieille.

INSTRUCTION.

Multipliez 12, nombre fixe, par le change de Cadix ou Madrid sur Londres, et divisez le produit par celui de Paris sur Londres.

			12
		Par	40
			480
			4 Fr.
	31 ¼		1920
	4		670
Div.	125		45
Rép.	15 l. 7 s. 2 d.		20
			900
			25
			12
			300
			50

PARIS, CADIX ET MADRID
PAR LIVOURNE.

ON veut savoir à combien reviendra le change entre Paris, Cadix et Madrid, en remettant à ces dernieres Places du papier sur Livourne, pris à Paris à 96 sols pour une piastre de Livourne, et négocié à Cadix ou à Madrid, à 127 piastres de Cadix, pour 100 piastres de Livourne.

INSTRUCTION.

Multipliez 20, nombre fixe, par le change de Paris sur Livourne, et divisez le produit par celui de Cadix ou Madrid sur Livourne.

	20
	Par 96
	120
	180
	1920
Div. 127	650
Rép. 15 l. 2 s. 4 d.	15
	20
	300
	46
	12
	552
	44

PARIS, CADIX ET MADRID
PAR GÊNES.

ON veut savoir à combien reviendra le change entre Paris, Cadix et Madrid, en remettant à ces dernieres Places du papier sur Gênes, pris à Paris à 95 sols pour une piastre, et négocié à Cadix ou à Madrid à 125 piastres de Cadix, pour 100 piastres hors de banque.

INSTRUCTION.

Multipliez 20, nombre fixe, par le change de Paris sur Gênes, et divisez le produit par celui de Cadix ou Madrid sur Gênes.

			20
		Par	95
			100
Div.	125		180
Rép.	15 l. 4 s.		1900
			650
			25
			20
			500
			00

PARIS, CADIX ET MADRID PAR HAMBOURG.

On veut savoir à combien reviendra le change entre Paris, Cadix et Madrid, en remettant à ces dernieres Places du papier sur Hambourg, pris à Paris à 178 livres pour 100 marcs lubs banco, et négocié à Cadix ou Madrid, à 95 deniers de gros banco, pour un ducat de 375 maravédis.

INSTRUCTION.

Multipliez 17, nombre fixe, par le change de Cadix ou Madrid sur Hambourg, et par celui de Paris sur Hambourg : ensuite divisez le produit par 18750, nombre fixe.

```
                                   17
                           Par     95
                           ----------
                                   85
                                  153
                           ----------
                                 1615
                                  178
                           ----------
Div. 1875|0                     12920
-------------                  11305
Rép.   15 l. 6 s. 7 d.         1615
                           ----------
                              28747|0
                                9997
                                 622
                                  20
                           ----------
                                12440
                                 1190
                                   12
                           ----------
                                14280
                                 1155
```

PARIS, CADIX ET MADRID PAR LISBONNE.

ON veut savoir à combien reviendra le change entre Paris, Cadix et Madrid, en remettant à ces dernieres Places du papier sur Lisbonne, pris à Paris à 476 res pour un écu de 3 livres, et négocié à Cadix ou Madrid à 2400 res, pour une pistole de 32 réaux platte-vieille.

INSTRUCTION.

Multipliez le change de Cadix ou Madrid sur Lisbonne, par 3, nombre fixe, et divisez le produit par le change de Paris sur Lisbonne.

```
                            2400
                     Par       3
                     -----------
                            7200
Div. 476                    2440
Rép. 15 l. 2 s. 6 d.          60
                              20
                     -----------
                            1200
                             248
                              12
                     -----------
                            2976
                             120
```

PARIS ET MADRID
PAR GÊNES.

ON veut savoir à combien reviendra le change entre Paris et Madrid, en remettant à cette derniere Place du papier sur Gênes, pris à Paris à 95 sols pour une piastre, et négocié à Madrid à 23 livres hors de banque, pour une pistole d'or de 40 réaux.

INSTRUCTION.

Multipliez 4, nombre fixe, par le change de Paris sur Gênes, et par celui de Madrid sur Gênes : ensuite divisez le produit par 575, nombre fixe.

```
                          4
              Par        95
                       ----
                        380
                         23
                       ----
                       1140
                       760
                       ----
                       8740
                       2990
Div.  575               115
Rép.  15 l. 4 s.         20
                       ----
                       2300
                        000
```

RÉCAPITULATION DES ÉGALITÉS ENTRE PARIS CADIX ET MADRID.

	l.	s.	d.
PAR Amsterdam, *bon pour remettre*, vient,	15	1	11
Londres, *bon pour tirer*, ...	15	7	2
Livourne.	15	2	4
Gênes, ...	15	4	
Hambourg, ...	15	6	7
Lisbonne, ...	15	2	6
Par Gênes et Madrid, ...	15	4	
Paris, pour Cadix et Madrid, supposé. . .	15	4	

Premiere application pour remettre.

Si un négociant de Paris avoit des fonds à remettre à Cadix ou à Madrid pour son compte, ou des retours pour compte d'ami, au lieu de faire la remise en papier sur lesdites Places, qui lui coûteroit 15 liv. 4 sols pour une pistole de 32 réaux, il doit prendre du papier sur Amsterdam à 56 $\frac{1}{2}$, et le remettre à Cadix ou à Madrid, pour y être négocié à 98; Par cette remise, il s'établira un change de 15 livres 1 sol 11 deniers; c'est-à-dire, qu'il ne payera que 15 livres 1 sol 11 deniers, pour une pistole de 32 réaux qu'il recevra.

Seconde application pour tirer.

Si ce même négociant de Paris avoit à tirer sur Cadix ou Madrid, au lieu de le faire à droiture, en donnant une pistole de 32 réaux pour recevoir 15 livres 4 sols, il doit ordonner à Cadix ou à Madrid de remettre pour son compte à Londres à 40, et à cette derniere Place d'en faire le retour sur Paris à 31 $\frac{1}{4}$ (ou tirer lui-même sur Londres audit prix); par cette circulation, il s'établira un change de 15 livres 7 sols 2 deniers, c'est-à-dire, qu'il recevra 15 livres 7 sols 2 deniers, pour une pistole qu'il fera payer à Cadix ou Madrid.

LYON,

LYON, CADIX ET MADRID.

Pair d'une piastre de 8 réaux, platte-vieille, en sols tournois.

Places.	*Cours de Lyon.*	*Cours de Cadix et Madrid.*
Cadix et Madrid.	76	
Amsterdam.	56 ½	98
Londres.	31 ½	40
Livourne.	96	127
Gênes.	95	125
Hambourg.	178	95
Lisbonne.	476	2400

Cours de Madrid sur Gênes.

Gênes	95	23

OBSERVATION.

Lyon donne le prix incertain à Cadix et Madrid ; c'est-à-dire, 76 sols plus ou moins, pour une piastre de 8 réaux platte-vieille ; ainsi, lorsque Lyon aura à *remettre* à Cadix ou Madrid, il doit se servir de la Place qui établira le plus bas change, parce qu'alors il donnera moins de sols pour une piastre qu'il recevra ; et au contraire, lorsque Lyon aura à *tirer* sur Cadix ou Madrid, il doit se servir de la Place qui établira le plus haut change, parce qu'alors il recevra plus de sols pour une piastre qu'il fera payer à Cadix ou Madrid.

LYON, CADIX ET MADRID PAR *AMSTERDAM.*

On veut savoir à combien reviendra le change entre Lyon, Cadix et Madrid, en remettant à ces dernieres Places du papier sur Amsterdam, pris à Lyon à 56 ½ deniers de gros banco pour un écu de 60 sols, et négocié à Cadix ou à Madrid, à 98 den. de gros, pour un ducat de 375 Maravédis.

INSTRUCTION.

Multipliez 1088, nombre fixe, par le change de Cadix ou Madrid sur Amsterdam, et divisez le produit par celui de Paris sur Amsterdam, multiplié par 25, nombre fixe.

	1088
	Par 98
56 ½	8704
2	9792
113	106624
25	2 Fr.
565	213248
226	15498
Div. 2825	1373
	16
Rép. 75 $\frac{7}{16}$	8238
	1373
	21968
	2193

LYON, CADIX ET MADRID

PAR LONDRES.

ON veut savoir à combien reviendra le change entre Lyon, Cadix et Madrid, en remettant à ces dernieres Places du papier sur Londres, pris à Lyon à $31\frac{1}{4}$ deniers sterlings pour un écu de 60 sols, et négocié à Cadix ou Madrid, à 40 deniers sterlings, pour une piastre de 8 réaux platte-vieille.

INSTRUCTION.

Multipliez 60, nombre fixe, par le change de Cadix ou Madrid sur Londres, et divisez le produit par celui de Paris sur Londres.

			60
		Par	40
			2400
			4 Fr.
	$31\frac{1}{4}$		9600
	4		850
Div.	125		100
Rép.	$76\frac{12}{16}$ *ou* $\frac{3}{4}$		16
			1600
			350
			100

LYON, CADIX ET MADRID
PAR LIVOURNE.

On veut savoir à combien reviendra le change entre Lyon, Cadix et Madrid, en remettant à ces dernieres Places du papier sur Livourne, pris à Lyon, à 96 sols pour une piastre, et négocié à Cadix ou Madrid, à 127 piastres de Cadix, pour 100 piastres de Livourne.

INSTRUCTION.

Multipliez 100, nombre fixe, par le change de Paris sur Livourne, et divisez le produit par celui de Cadix ou Madrid sur Livourne.

			100
		Par	96
			9600
Div.	127		710
Rép.	$75 \frac{9}{16}$		75
			16
			450
			75
			1200
			57

LYON, CADIX ET MADRID
PAR GÊNES.

ON veut savoir à combien reviendra le change entre Lyon, Cadix et Madrid, en remettant à ces dernieres Places du papier sur Gênes, pris à Lyon à 95 sols pour une piastre hors de banque, et négocié à Cadix ou Madrid, à 125 piastres de Cadix, pour 100 piastres hors de banque.

INSTRUCTION.

Multipliez 100, nombre fixe, par le change de Paris sur Gênes, et divisez le produit par celui de Cadix ou Madrid sur Gênes.

			100
		Par	95
			9500
Div.	125		750
Rép.	76		00

LYON, CADIX ET MADRID
PAR HAMBOURG.

ON veut savoir à combien reviendra le change entre Lyon, Cadix et Madrid, en remettant à ces dernieres Places du papier sur Hambourg, pris à Lyon à 178 livres pour 100 marcs lubs banco, et négocié à Cadix ou Madrid, à 95 deniers de gros, pour un ducat de 375 maravédis.

INSTRUCTION.

Multipliez 34, nombre fixe, par le change de Cadix ou Madrid sur Hambourg, et par celui de Lyon sur Hambourg : ensuite divisez le produit par 7500, nombre fixe.

```
                              34
                      Par     95
                      ----------
                             170
                            306
                      ----------
                            3230
                             178
                      ----------
                           25840
                          22610
                          3230
Div.  750|0           ----------
-----------               57494|0
Rep.  76 10/16 ou 5/8      4994
                            494
                             16
                      ----------
                           2964
                           494
                      ----------
                           7904
                            404
```

LYON, CADIX ET MADRID
PAR LISBONNE.

ON veut savoir à combien reviendra le change entre Lyon, Cadix et Madrid, en remettant à ces dernieres Places du papier sur Lisbonne, pris à Lyon, à 476 res pour un écu de 60 sols, et négocié à Cadix ou Madrid, à 2400 res pour une pistole de 32 réaux platte-vieille.

INSTRUCTION.

Multipliez le change de Cadix ou Madrid sur Lisbonne par 15, nombre fixe, et divisez le produit par celui de Lyon sur Lisbonne.

			2400
		Par	15
			36000
Div.	476		2680
Rép.	75 $\frac{10}{16}$ *ou* $\frac{5}{8}$		300
			16
			4800
			40

LYON ET MADRID
PAR GÊNES.

ON veut savoir à combien reviendra le change entre Lyon et Madrid, en remettant à cette derniere Place du papier sur Gênes, pris à Lyon à 95 sols pour une piastre hors de banque, et négocié à Madrid à 23 livres hors de banque, pour une pistole d'or de 40 réaux platte-vieille.

INSTRUCTION.

Multipliez le change de Lyon sur Gênes, par celui de Madrid sur Gênes, et divisez le produit par 28 ¾, nombre fixe.

			95
		Par	23
			285
			190
	28 ¾		2185
	4		4 Fr.
Div.	115		8740
Rep.	76		690
			00

RÉCAPITULATION DES ÉGALITES ENTRE LYON, CADIX ET MADRID.

PAR Amsterdam, *bon pour remettre*, vient	75 $\frac{7}{16}$
Londres, *bon pour tirer*. . . .	76 $\frac{3}{4}$
Livourne.	75 $\frac{9}{16}$
Gênes.	76
Hambourg.	76 $\frac{5}{8}$
Lisbonne.	75 $\frac{5}{8}$
PAR Gênes et Madrid.	76
Paris et Lyon pour Cadix et Madrid, supposé.	76

Premiere application pour remettre.

Si un négociant de Lyon avoit des fonds à remettre à Cadix ou à Madrid pour son compte, ou des retours pour compte d'ami, au lieu de faire la remise en papier sur lesdites Places qui lui coûteroit 76 sols pour une piastre de 8 réaux, il doit prendre du papier sur Amsterdam à 56 $\frac{1}{2}$, et le remettre à Cadix ou à Madrid pour y être négocié à 98. Par cette remise, il s'établira un change de 75 $\frac{7}{16}$, c'est-à-dire, qu'il ne payera que 75 $\frac{7}{16}$ sols pour une piastre de 8 réaux.

Seconde application pour tirer.

Si ce même négociant de Lyon avoit à tirer sur Cadix ou Madrid, au lieu de le faire à droiture, en donnant une piastre pour recevoir 76 sols, il doit ordonner à Cadix ou Madrid de remettre pour son compte à Londres à 40, et à cette derniere Place d'en faire le retour sur Lyon à 31 $\frac{1}{4}$, (ou tirer lui-même sur Londres audit prix); par cette circulation, il s'établira un change de 76 $\frac{3}{4}$, c'est-à-dire, qu'il recevra 76 $\frac{3}{4}$ sols, pour une piastre qu'il fera payer à Cadix ou à Madrid.

PARIS ET LISBONNE.

Pair d'un écu de 3 livres en res.

Places.	*Cours de Paris.*	*Cours de Lisbonne.*
Paris.		480
Amsterdam.	56 ½	47 ¼
Londres.	31 ¼	64 ½
Cadix et Madrid. .	15 liv. 4 s.	2400
Livourne.	96	760
Gênes.	95	750
Hambourg.	178	45 ½

OBSERVATION.

Paris donne le prix certain à Lisbonne ; c'est-à-dire, un écu de 3 livres pour 480 res, plus ou moins ; ainsi, lorsque Paris aura à *remettre* à Lisbonne, il doit se servir de la Place qui établira le plus haut change, parce qu'alors, il recevra plus de res pour un écu de 3 livres qu'il donnera ; et au contraire, lorsque Paris aura à *tirer* sur Lisbonne, il doit se servir de la Place qui établira le plus bas change, parce qu'alors, il donnera moins de res pour un écu de 3 livres qu'il recevra.

PARIS ET LISBONNE
PAR AMSTERDAM.

ON veut savoir à combien reviendra le change entre Paris et Lisbonne, en remettant à cette derniere Place du papier sur Amsterdam, pris à Paris à 56 $\frac{1}{2}$ deniers de gros pour un écu de 3 livres, et négocié à Lisbonne à 47 $\frac{1}{4}$ deniers de gros pour une creusade.

INSTRUCTION.

Multipliez le change de Paris sur Amsterdam par 400, nombre fixe, et divisez le produit par celui de Lisbonne sur Amsterdam.

			56 $\frac{1}{2}$
		Par	400
			22600
			4 Fr.
	47 $\frac{1}{4}$		90400
	4		1480
Div.	289		1570
			58
Rép.	478 $\frac{4}{16}$ ou $\frac{1}{4}$		16
			348
			58
			928
			172

PARIS ET LISBONNE *PAR LONDRES.*

ON veut savoir à combien reviendra le change entre Paris et Lisbonne, en remettant à cette derniere Place du papier sur Londres, pris à Paris à 31 $\frac{1}{4}$ deniers sterlings pour un écu de 3 livres, et négocié à Lisbonne à 64 $\frac{1}{2}$ deniers sterlings pour 1000 res.

INSTRUCTION.

Multipliez le change de Paris sur Londres, par 1000, nombre fixe, et divisez le produit par celui de Lisbonne sur Londres.

			31 $\frac{1}{4}$
		Par	1000
			31250
			2 Fr.
	64 $\frac{1}{2}$		62500
	2		1090
Div.	129		580
Rep.	484 $\frac{7}{16}$		64
			16
			1024
			121

PARIS ET LISBONNE
PAR CADIX ET MADRID.

On veut savoir à combien reviendra le change entre Paris et Lisbonne, en remettant à cette derniere Place du papier sur Cadix ou Madrid, pris à Paris à 15 livres 4 sols pour une pistole de 32 réaux, platte-vieille, et négocié à Lisbonne à 2400 res, pour la même pistole de 32 réaux.

INSTRUCTION.

Multipliez le change de Lisbonne sur Cadix ou Madrid par 60, nombre fixe, et divisez le produit par celui de Paris sur Cadix ou Madrid multiplié par 20, nombre fixe.

			2400
		Par	60
			144000
	15 l. 4 s.		2240
	20		1120
Div.	304		208
			16
Rép.	473 $\frac{10}{16}$ *ou* $\frac{5}{8}$		1248
			208
			3328
			288

LYON ET LISBONNE

PAR CADIX ET MADRID.

On veut savoir à combien reviendra le change entre Lyon et Lisbonne, en remettant à cette derniere Place du papier sur Cadix ou Madrid, pris à Lyon à 76 sols pour une piastre de 8 réaux platte-vieille, et négocié à Lisbonne à 2400 res, pour une pistole de 32 réaux platte-vieille.

INSTRUCTION.

Multipliez le change de Lisbonne sur Cadix ou Madrid par 15, nombre fixe, et divisez le produit par celui de Lyon sur Cadix ou Madrid.

	2400
	Par 15
	36000
	560
	280
Div. 76	52
Rép. 473 $\frac{10}{16}$ *ou* $\frac{5}{8}$	16
	832
	72

PARIS ET LISBONNE

PAR LIVOURNE.

ON veut savoir à combien reviendra le change entre Paris et Lisbonne, en remettant à cette derniere Place du papier sur Livourne, pris à Paris à 96 sols pour une piastre, et négocié à Lisbonne à 760 res pour une piastre.

INSTRUCTION.

Multipliez le change de Lisbonne sur Livourne ; par 60, nombre fixe, et divisez le produit par celui de Paris sur Livourne.

		760
	Par	60
		45600
Div.	96	720
Rép.	475	480
		00

PARIS ET LISBONNE
PAR GÊNES.

ON veut savoir à combien reviendra le change entre Paris et Lisbonne, en remettant à cette derniere Place du papier sur Gênes, pris à Paris à 95 sols pour une piastre, et négocié à Lisbonne à 750 res pour la même piastre.

INSTRUCTION.

Multipliez le change de Lisbonne sur Gênes, par 60, nombre fixe, et divisez le produit par celui de Paris sur Gênes.

			750
		Par	60
			45000
			700
Div.	95		350
Rép.	473 $\frac{10}{16}$ *ou* $\frac{5}{8}$		65
			16
			1040
			90

PARIS

PARIS ET LISBONNE
PAR HAMBOURG.

ON veut savoir à combien reviendra le change entre Paris et Lisbonne, en remettant à cette derniere Place du papier sur Hambourg, pris à Paris à 178 livres pour 100 marcs lubs banco, et négocié à Lisbonne à 45 $\frac{1}{2}$ deniers de gros banco, pour une creusade de 400 res.

INSTRUCTION.

Divisez 3840000, nombre fixe, par le change de Paris sur Hambourg, multiplié par celui de Lisbonne sur Hambourg.

	178
	45 $\frac{1}{2}$
	890
	712
	89
Div.	8099
Rép.	474 $\frac{2}{16}$ *ou* $\frac{1}{8}$

```
3840000
 60040
  33470
   1074
     16
-------
   6444
   1074
-------
  17184
    986
```

RÉCAPITULATION DES ÉGALITÉS ENTRE PARIS ET LISBONNE.

PAR Amsterdam, ... vient	478	$\frac{1}{4}$
Londres, *bon pour remettre*, . .	484	$\frac{7}{16}$
Cadix et Madrid.	473	$\frac{5}{8}$
Livourne, ...	475	
Gênes, *bon pour tirer*.	473	$\frac{5}{8}$
Hambourg.	474	$\frac{1}{8}$
Lisbonne pour Paris, supposé.	480	

Premiere application pour remettre.

Si un négociant de Paris avoit des fonds à remettre à Lisbonne, au lieu que son ami de ladite Place tire sur lui au change de 480 res pour un écu de 3 liv., il doit prendre du papier sur Londres à 31 $\frac{1}{4}$, et le remettre à Lisbonne pour y être négocié à 64 $\frac{1}{2}$; par cette remise, il s'établira un change de 484 $\frac{7}{16}$; c'est-à-dire, que son ami de Lisbonne recevra 484 $\frac{7}{16}$ res pour un écu de 3 livres.

Seconde application pour tirer.

Si ce même négociant de Paris avoit des fonds à Lisbonne, au lieu que son ami de ladite Place lui en fît remise sur Paris au change de 480 res pour un écu de 3 livres, il doit lui ordonner de les remettre à Gênes à 750, et à cette derniere Place, d'en faire le retour sur Paris à 95, (ou tirer lui-même sur Gênes audit prix); par cette circulation, il s'établira un change de 473 $\frac{5}{8}$; c'est-à-dire, que Lisbonne ne payera que 473 $\frac{5}{8}$ res, pour un écu de 3 livres.

DES ORDRES EN BANQUE.

Les Négociants qui font des spéculations en banque, sont dans le cas de donner des Ordres à leurs Correspondants pour des traites et des remises, en leur marquant les prix des Changes sur lesquels ils doivent opérer. Ceux qui reçoivent ces Ordres, ne peuvent pas toujours les exécuter ponctuellement ; car il arrive souvent des variations dans les prix des Changes côtés, à l'avantage ou au désavantage du Commettant ; alors ils doivent calculer si, malgré ces variations, lesdits Ordres peuvent être effectués : ces calculs se font par la regle de trois directe, et par la regle de trois inverse. Voici une instruction générale pour faire ces opérations dans les deux cas.

Lorsque la Place où s'effectue l'Ordre, donne aux Places auxquelles elle doit remettre ou tirer, à toutes deux le certain ou l'incertain, on doit opérer par la regle de trois directe, en prenant pour premier et second terme, les prix ordonnés, et pour troisieme terme, le prix qui existe sur la Place.

Et lorsque la Place où s'effectue l'Ordre, donne aux deux Places où elle doit remettre ou tirer, à l'une le certain, et à l'autre l'incertain; alors on doit opérer par la regle de trois inverse, en disposant l'opération comme ci-dessus.

PREMIERE QUESTION.

PARIS réçoit ordre d'Amsterdam de tirer sur Livourne à 95, et de lui en faire le retour sur Hambourg à 176 : à la réception de cet ordre, Paris ne peut tirèr sur Livourne qu'à 94 $\frac{1}{2}$. On demande à quel prix il faut qu'il remette sur Hambourg pour compenser la perte qu'il fera sur la traite ?

Cette question doit se résoudre par la regle de trois directe, attendu que Paris donne l'incertain à Livourne et à Hambourg.

Si 95 font 176, combien feront 94 $\frac{1}{2}$?

```
              94 ½
             ------
              704
             1584
    95         88
  -------   ------
  175 1/10  16632
             713
              482
                7
               16
            -----
              112
               17
```

La réponse est, que si Paris tire sur Livourne à 94 $\frac{1}{2}$, change moins avantageux que 95, prix ordonné, il doit remettre sur Hambourg à 175 $\frac{1}{10}$, change plus avantageux que 176, prix ordonné.

SECONDE QUESTION.

PARIS ordonne à Londres de lui remettre sur Livourne à 50, et de prendre son rembours sur Hambourg à 34 sols 6 deniers de gros : à la réception de cet ordre, Londres ne peut remettre sur Livourne qu'à 50 $\frac{3}{8}$. On demande à quel prix il faut qu'il tire sur Hambourg, pour compenser la perte qu'il fera sur la remise ?

Cette question doit se résoudre par la regle de trois inverse, attendu que Londres donne l'incertain à Livourne, et le certain à Hambourg.

Si 50 font . . . 34 s. 6 d. combien feront 50 $\frac{3}{8}$?

```
                         50
                       ----
                       1700
                         25
                       ----
                       1725
                          8
                       ----
    50 3/8            13800
     8                 1710
   --------              98
   403                   12
   --------            ----
     34 s. 2 d.        1176
                        370
```

La réponse est, que si Londres remet sur Livourne à 50 $\frac{3}{8}$, change moins avantageux que 50, prix ordonné, il doit tirer sur Hambourg à 34 sols 2 den., change plus avantageux que 34 sols 6 deniers, prix ordonné.

TROISIEME QUESTION.

Paris reçoit ordre de Hambourg de tirer sur Amsterdam à 55 $\frac{5}{8}$, et de lui en faire le retour sur Hambourg même à 176 : à la réception de cet ordre, Paris ne peut tirer sur Amsterdam qu'à 56. On demande à quel prix il faut qu'il remette sur Hambourg pour compenser la perte qu'il fera sur la traite ?

Cette question doit se résoudre par la regle de trois inverse, attendu que Paris donne le certain à Amsterdam, et l'incertain à Hambourg.

Si 55 $\frac{5}{8}$ font . . . 176, combien feront 56?

55 $\frac{5}{8}$
880
880
88
22
9790
419
270
46
16
276
46
736
176
8

56
174 $\frac{13}{16}$

La réponse est, que si Paris tire sur Amsterdam à 56, change moins avantageux que 55 $\frac{5}{8}$, prix ordonné, il doit remettre sur Hambourg à 174 $\frac{13}{16}$, change plus avantageux que 176, prix ordonné.

QUATRIEME QUESTION.

PARIS reçoit ordre de Geneve de lui remettre sur Amsterdam à 55 $\frac{5}{8}$, et de prendre son rembours sur Livourne à 95 $\frac{1}{4}$: à la réception de cet ordre, Paris ne peut remettre sur Amsterdam qu'à 55 $\frac{1}{4}$. On demande à quel prix il faut qu'il tire sur Livourne pour compenser la perte qu'il fera sur la remise ?

Cette question doit se résoudre par la regle de trois inverse, attendu que Paris donne le certain à Amsterdam, et l'incertain à Livourne.

Si 55 $\frac{5}{8}$ font . . . 95 $\frac{1}{4}$, combien feront 55 $\frac{1}{4}$?

$$
\begin{array}{r}
95\frac{1}{4} \\
55\frac{5}{8} \\
\hline
475 \\
475 \\
47\frac{1}{2} \\
11\frac{7}{8} \\
13\frac{29}{32} \\
\hline
5298\frac{9}{32} \\
4 \\
\hline
21193\frac{1}{8} \\
1303 \\
198 \\
16 \\
\hline
1190 \\
198 \\
\hline
3170 \\
960 \\
76
\end{array}
\qquad
\begin{array}{r}
55\frac{1}{4} \\
4 \\
\hline
221 \\
\hline
95\frac{14}{16}\ \text{ou}\ \frac{7}{8}
\end{array}
$$

La réponse est, que si Paris remet sur Amsterdam à 55 $\frac{1}{4}$, change moins avantageux que 55 $\frac{5}{8}$, prix ordonné, il doit tirer sur Livourne à 96 $\frac{7}{8}$, change plus avantageux que 95 $\frac{1}{4}$, prix ordonné.

CINQUIEME QUESTION.

PARIS reçoit ordre de Geneve de tirer sur Hambourg à 175 $\frac{3}{4}$, et de lui en faire le retour sur Londres à 31 $\frac{1}{2}$: à la réception de cet ordre, Paris ne peut tirer sur Hambourg qu'à 175. On demande à quel prix il faut qu'il remette sur Londres pour compenser la perte qu'il fera sur la remise ?

Cette question doit se résoudre par la regle de trois inverse, attendu que Paris donne l'incertain à Hambourg, et le certain à Londres.

Si 175 $\frac{3}{4}$ font . . 31 $\frac{1}{2}$, combien feront 175 ?

```
                    175 3/4
                  ---------
                    155
                    217
                    31
                     15 1/2
                      7 3/4
                     87 7/8
 175              ----------
-----------         5538 1/4
 31 10/10 ou 5/8    286
                    111
                     16
                  ---------
                    668
                    111
                  ---------
                    1778
                     28
```

La réponse est, que si Paris tire sur Hambourg à 175, change moins avantageux que 175 $\frac{3}{4}$, prix ordonné, il doit remettre sur Londres à 31 $\frac{5}{8}$, change plus avantageux que 31 $\frac{1}{2}$, prix ordonné.

SIXIEME QUESTION.

PARIS ordonne à Geneve de lui remettre sur Amsterdam à 91 $\frac{1}{4}$, et de prendre son rembours sur Paris à 165 $\frac{1}{2}$: à la réception de cet ordre, Geneve ne peut remettre sur Amsterdam qu'à 90 $\frac{7}{8}$. On demande à quel prix il faut qu'il tire sur Paris pour compenser la perte qu'il fera sur la remise ?

Cette question doit se résoudre par la regle de trois directe, attendu que Geneve donne le certain à Amsterdam et à Paris.

Si 91 $\frac{1}{4}$ font . . . 165 $\frac{1}{2}$, combien feront 90 $\frac{7}{8}$?

90 $\frac{7}{8}$

14850

82 $\frac{1}{2}$

41 $\frac{1}{4}$

20 $\frac{5}{8}$

45 $\frac{7}{16}$

15039 $\frac{13}{16}$

4

60159 $\frac{1}{4}$

91 $\frac{1}{4}$

4

365

2365

1759

299

16

1798

289

4788

1138

43

164 $\frac{13}{16}$

La réponse est, que si Geneve remet sur Amsterdam à 90 $\frac{7}{8}$, change moins avantageux que 91 $\frac{1}{4}$, prix ordonné, il doit tirer sur Paris à 164 $\frac{13}{16}$, change plus avantageux que 165 $\frac{1}{2}$, prix ordonné.

SEPTIEME QUESTION.

PARIS ordonne à Livourne de tirer sur lui à 97, et de lui en faire le retour sur Cadix à 128 : à la réception de cet ordre, Livourne ne peut tirer sur Paris qu'à 97 $\frac{3}{4}$. On demande à quel prix il faut qu'il remette sur Cadix pour compenser la perte qu'il fera sur la traite?

Cette question doit se résoudre par la regle de trois directe, attendu que Livourne donne le certain à Paris et à Cadix.

Si 97 font . . . . 128, combien feront 97 $\frac{3}{4}$?

```
                     97 ¾
                   ------
                     896
                   1152
                     64
                     32
                   ------
                  12512
    97              281
 --------            872
 128 13/16            96
                      16
                   ------
                     576
                     96
                   ------
                    1536
                     566
                      18
```

La réponse est, que si Livourne tire sur Paris à 97 $\frac{3}{4}$, change moins avantageux que 97, prix ordonné, il doit remettre sur Cadix à 128 $\frac{15}{16}$, change plus avantageux que 128, prix ordonné.

HUITIEME QUESTION.

PARIS ordonne à Gênes de remettre à Naples à 101 $\frac{1}{4}$, et de prendre son rembours sur Paris à 96 : à la réception de cet ordre, Gênes ne peut remettre à Naples qu'à 102 $\frac{1}{2}$. On demande à quel prix il faut qu'il tire sur Paris pour compenser la perte qu'il fera sur la remise?

Cette question doit se résoudre par la regle de trois inverse, attendu que Gênes donne l'incertain à Naples, et le certain à Paris.

Si 101 $\frac{1}{4}$ font . . . 96, combien feront 102 $\frac{1}{2}$

	101 $\frac{1}{4}$
	96
	960
	24
	9720
	2
102 $\frac{1}{2}$	19440
2	990
205	170
94 $\frac{13}{16}$	16
	1020
	170
	2720
	670
	55

La réponse est, que si Gênes remet à Naples à 102 $\frac{1}{2}$, change moins avantageux que 101 $\frac{1}{4}$, prix ordonné, il doit tirer sur Paris à 94 $\frac{13}{16}$, change plus avantageux que 96, prix ordonné.

NEUVIEME QUESTION.

PARIS ordonne à Gênes de lui remettre sur Madrid à 630, et de prendre son rembours sur Londres à 49 $\frac{3}{4}$: à la réception de cet ordre, Gênes ne peut tirer sur Londres qu'à 50 $\frac{1}{8}$. On demande à quel prix il faut qu'il remette sur Cadix pour compenser la perte qu'il fera sur la traite ?

Cette question doit se résoudre par la regle de trois directe, attendu que Gênes donne le certain à Londres et à Madrid.

Si 49 $\frac{3}{4}$ font . . . 630, combien feront 50 $\frac{1}{8}$?

```
                     50 1/8
                   --------
                    31500
                       78 1/4
                   --------
   49 3/4           31578 1/4
    4                   4
  -------          --------
   199             126315
  -------             691
   634 11/16          945
                      149
                       16
                   --------
                      894
                     149
                   --------
                     2384
                      394
                      195
```

La réponse est, que si Gênes tire sur Londres à 50 $\frac{1}{8}$, change moins avantageux que 49 $\frac{3}{4}$, prix ordonné, il doit remettre sur Madrid à 634 $\frac{11}{16}$, change plus avantageux que 630, prix ordonné.

DIXIEME QUESTION.

PARIS ordonne à Cadix de tirer sur Amsterdam à 99, et de lui en faire le retour sur Londres à 39 $\frac{1}{4}$: à la réception de cet ordre, Cadix ne peut tirer sur Amsterdam qu'à 99 $\frac{3}{8}$. On demande à quel prix il faut qu'il remette sur Londres pour compenser la perte qu'il fera sur la traite ?

Cette question doit se résoudre par la regle de trois directe, attendu que Cadix donne le certain à Amsterdam et à Londres.

Si 99 font . . . . . 39 $\frac{1}{4}$, combien feront 99 $\frac{3}{8}$?

99 $\frac{3}{8}$
———
351
351
9 $\frac{3}{4}$
4 $\frac{7}{8}$
24 $\frac{27}{32}$
———
3900 $\frac{15}{32}$
930
39
16
———
241 $\frac{1}{2}$
39
———
631 $\frac{1}{2}$
37 $\frac{1}{2}$

99
———
49 $\frac{6}{16}$ *ou* $\frac{3}{8}$

La réponse est, que si Cadix tire sur Amsterdam à 99 $\frac{3}{8}$, change moins avantageux que 99, prix ordonné, il doit remettre sur Londres à 39 $\frac{3}{8}$, change plus avantageux que 39 $\frac{1}{4}$, prix ordonné.

ONZIEME QUESTION.

PARIS remet à Livourne du papier sur Amsterdam à 55 ½ deniers de gros pour un écu de 3 livres : Livourne le négocie à 89 ¼ deniers de gros pour une piastre, et en remet la valeur à Naples à 115 ½ ducats pour 100 piastres. On demande quel change ces prix établissent entre Paris et Naples ; c'est-à-dire, combien de sols tournois pour un ducat ?

OPÉRATION.

Si 115 ½ ducats valent .	100 piastres,
1 piastre	89 ¼ deniers de gros,
55 ½ deniers de gros.	60 sols,
combien de sols pour	1 ducat ?

	89 ¼
	100
115 ½	8925
55 ½	60
575	535500
575	4
57 ½	2142000
27 ¾	90720
6410 ¼	13797
4	16
25641	82782
83 $\frac{8}{10}$ *ou* ½ sols	13797
pour un ducat.	220752
	15624

DOUZIEME QUESTION.

PARIS remet à Turin du papier sur Amsterdam à 55 $\frac{1}{4}$ deniers de gros pour un écu de 60 sols : Turin le négocie à 36 $\frac{1}{4}$ sols de Piémont pour un florin banco, et en remet la valeur à Livourne à 81 sols de Piémont pour une piastre. On demande quel change ces prix établissent entre Paris et Livourne, c'est-à-dire, combien de sols pour une piastre ?

OPÉRATION.

Si 1 piastre vaut . . . . . 81 sols de Piémont,
36 $\frac{1}{4}$ sols . . . . 1 florin,
1 florin . . . . 40 deniers de gros,
55 $\frac{1}{4}$ deniers de gros . . . 60 sols,
combien de sols pour . . . . 1 piastre,

	81
	40
36 $\frac{1}{4}$	3240
55 $\frac{1}{4}$	60
180	194400
180	16
9	1166400
27 $\frac{5}{8}$	194400
13 $\frac{13}{16}$	3110400
2030 $\frac{7}{16}$	186570
16	24135
32487	16
95 $\frac{11}{16}$ sols	144810
pour une piastre.	24135
	386160
	61290
	28803

TREIZIEME QUESTION.

PARIS remet à Geneve du papier sur Londres à 31 $\frac{1}{4}$ deniers sterlings pour un écu de 60 sols : Geneve le négocie à 52 deniers sterlings pour un écu courant, et en remet la valeur à Gênes à 94 $\frac{3}{4}$ écus pour 100 piastres. On demande quel change ces prix établissent entre Paris et Gênes ; c'est-à-dire, combien de sols pour une piastre ?

OPÉRATION.

Si 100 piastres valent . . . . 94 $\frac{3}{4}$ écus,
1 écu . . . . 52 den. sterlings,
31 $\frac{1}{4}$ deniers sterlings. . . 60 sols,
combien de sols pour . . . . 1 piastre ?

$$
\begin{array}{r}
94\,\tfrac{3}{4} \\
52 \\ \hline
188 \\
470 \\
26 \\
13 \\ \hline
4927 \\
60 \\ \hline
295620 \\
14370 \\
1870 \\
16 \\ \hline
11220 \\
1870 \\ \hline
29920 \\
1795
\end{array}
\qquad
\begin{array}{r}
31\,\tfrac{1}{4} \\
100 \\ \hline
3125 \\ \hline
\end{array}
$$

94 $\frac{9}{16}$ s. pour une piastre.

QUATORZIEME QUESTION.

PARIS remet à Bergame du papier sur Londres à 31 ½ deniers sterlings pour un écu de 3 livres : Bergame le négocie à 44 liv. 16 s. 6 den. pour une livre sterling, et en remet la valeur à Venise à 3 ½ pour % de perte. On demande quel change ces prix établissent entre Venise et Paris ; c'est-à-dire, combien de ducats pour 100 écus de 3 livres ?

OPÉRATION.

Si	1 écu vaut	31 ½	deniers sterlings ;
	24φ deniers	1	livre sterling ,
	1 livre sterling . .	896 ½	sols de Bergame ;
	2φ sols	1	livre ,
	103 ½ de Bergame . 50	1φφ	livres de Venise ,
	48 φ ½ livres de Venise	1	ducat de banque ,
combien de ducats pour . .		1φφ	écus ?

	896 ½	
	31 ½	
103 ½	896	
24	2688	
412	448	
206	15 ¼	
12.	28239 ¾	
2484	50	* 25249
48	1411987 ½	16
19872	5 Fr.	151502
9936	7059937 ½	25249
119232	1098337	403992
59 $\frac{3}{16}$ ducats	* 25249	46296

pour 100 écus de 3 l.

QUINZIEME QUESTION.

PARIS remet à Geneve du papier sur Londres, à 31 $\frac{1}{4}$ deniers sterlings pour un écu de 3 livres : Geneve le négocie à 52 $\frac{3}{4}$ deniers sterlings pour un écu courant, et en remet la valeur à Turin, à 84 $\frac{5}{6}$ sols de Piémont pour un écu courant. On demande quel change ces prix établissent entre Paris et Turin ; c'est-à-dire, combien de sols de Piémont pour un écu de 3 livres ?

OPÉRATION.

Si 1 écu vaut . . . . 125 ~~31~~ $\frac{1}{4}$ deniers sterl.
211 ~~52~~ $\frac{3}{4}$ deniers sterlings . . . 1 écu courant,
1 écu courant . . . . 84 $\frac{5}{6}$ sols de Piém.
combien de sols de Piém. pour 1 écu ?

225
84 $\frac{5}{6}$
500
1000
62 $\frac{1}{2}$
41 $\frac{2}{3}$
10604 $\frac{1}{6}$
54
12
650
17

211
50 $\frac{3}{12}$ *ou* $\frac{1}{4}$ sols de Piém. pour 1 écu de 3 livres.

SEIZIEME QUESTION.

PARIS remet à Amsterdam du papier sur Londres à 31 $\frac{1}{8}$ deniers sterlings pour 1 écu de 3 livres : Amsterdam le négocie à 35 sols 4 deniers de gros pour une livre sterling, et en remet la valeur à Cadix, à 97 den. de gros pour un ducat. On demande quel change ces prix établissent entre Paris et Cadix ; c'est-à-dire, combien de l. pour 1 pistole de 32 réaux, platte-vieille ?

OPÉRATION.

Si 1	pistole vaut . . .	272 1088 maravédis ,
25 75 375	maravédis	1 ducat ,
1	ducat	97 den. de gros ,
3 12	deniers de gros	1 sol de gros ,
35	sols 4 deniers de gros . .	1 liv. sterling ,
1	livre sterling . 16 48 240	d. sterlings ,
249 31 $\frac{1}{8}$	deniers sterlings . .	3 livres ,
combien	de livres pour	1 pistole ?

25	272	
35 . 4	97	
125	1904	
758 . 4	2448	
883 . 4	26384	
249	16	
7947	158304	
3532	26384	
176683	422144	
219950	8	
	3377152	* 15580
	1177652	18396
	77902	12
	20	220680
	* 1558040	730

– 15 l. 7 s. 1 d. pour une pistole.

DIX-SEPTIEME QUESTION.

PARIS remet à Londres du papier sur Amsterdam à 55 $\frac{1}{4}$ deniers de gros pour un écu de 3 livres : Londres le négocie à 35 sols de gros banco pour 1 livre sterling, et en remet la valeur à Hambourg à 34 sols 6 deniers de gros banco pour 1 liv. sterling. On demande quel change ces prix établissent entre Paris et Hambourg : c'est-à-dire, combien de liv. pour 100 marcs lubs banco ?

OPÉRATION.

Si 1	marc lubs vaut . . .	32 den. de gros,
~~12~~	den. de gros	1 sols de gros,
34	s. 6 d. de gros . . .	1 livre sterling,
1	livre sterling	~~240~~ den. sterlings,
~~240~~	den. sterlings . . .	35 sols de gros,
1	sols de gros	~~12~~ den. de gros,
221 ~~55~~ $\frac{1}{4}$	deniers de gros . .	3 livres;
combien	de livres pour	100 marcs ?

221	32	
34 s. 6 d.	35	
884	160	
663	96	
110 $\frac{1}{2}$	1120	
7624 $\frac{1}{2}$	3	
2	3360	
15249	100	
176 $\frac{4}{15}$ *ou* $\frac{1}{4}$ livres pour 100 marcs lubs.	336000	* 4176
	4 Fr.	16
	1344000	25056
	2 Fr.	4176
	2688000	66816
	116310	5820
	95670	
	* 4176	

DIX-HUITIEME QUESTION.

PARIS remet à Hambourg du papier sur Amsterdam à 55 $\frac{1}{4}$ deniers de gros pour un écu de 3 livres: Hambourg le négocie à 35 sols communs pour un déalder, et en remet la valeur à Auguste, à 144 rixdalles courantes pour 100 rixdalles banco. On demande quel change ces prix établissent entre Auguste et Paris; c'est-à-dire, combien de florins pour 100 écus de 3 l.?

OPÉRATION.

Si	1 écu vaut	55 $\frac{1}{4}$	deniers de gros,
	6 deniers de gros .	1	sol commun,
	35 sols communs .	1	déalder,
	1 déalder	6	marcs,
	3 marcs	1	rixdalle banco,
	100 rixdalles banco.	144	rixdal. courantes,
	2 rixdal. courantes	3	florins,
combien de florins pour .		100	écus?

144
55 $\frac{1}{4}$

720
720
36

7956

95
256
46
16

276
46

736
36

35
2

70

113 $\frac{10}{16}$ *ou* $\frac{5}{8}$ florins pour 100 écus de 3 liv.

DIX-NEUVIEME QUESTION.

PARIS remet à Turin du papier sur Londres à 31 $\frac{3}{4}$ deniers sterlings pour un écu de 60 sols : Turin le négocie à 19 livres 6 sols de Piémont pour une livre sterling, et en remet la valeur à Vienne, à 43 $\frac{1}{2}$ sols de Piémont pour un florin courant. On demande quel change ces prix établissent entre Paris et Vienne; c'est-à-dire, combien de sols tournois pour un florin courant?

OPÉRATION.

Si	1 florin vaut	43 $\frac{1}{2}$	sols de Piém.
	20 sols	1	livre,
	19 livres 6 sols . . .	1	livre sterling,
	1 livre sterling . 48	240	den. sterlings,
5	254 127 31 $\frac{3}{4}$ den. sterlings 12	60	sols,
	combien de sols pour	1	florin?

$$\begin{array}{r} 43\frac{1}{2} \\ 48 \\ \hline 344 \\ 172 \\ 24 \\ \hline 2088 \\ 12 \\ \hline 25056 \\ 4 \text{ Fr.} \\ \hline 100224 \\ 3724 \\ 1794 \\ 12 \\ \hline 21528 \\ 2228 \\ 298 \end{array}$$

$$\begin{array}{r} 19 \cdot 6 \\ 20 \\ \hline 386 \\ 5 \\ \hline 1930 \end{array}$$

51 $\frac{11}{12}$ s. pour 1 fl.

ARBITRAGES
DES MARCHANDISES.

Ces Arbitrages sont des calculs que les Négocians font pour trouver plus facilement le prix auquel leur revient une marchandise qu'ils font acheter chez l'Etranger.

Ces calculs se font par la regle conjointe : pour les opérer, il faut savoir le rapport des poids et mesures des Places où l'on fait faire ces achats, avec ceux de la Place où l'on est, ou de celle où l'on veut les faire vendre, le prix et les monnoies de changes desdites Places, et les frais que les marchandises ont faits pour parvenir au lieu de leur destination.

Je me borne à donner quelques exemples des Arbitrages qui ont rapport aux achats de soie que les Négocians de Lyon sont dans le cas de faire faire dans plusieurs Places étrangeres : au moyen de ces exemples, on parviendra aisément à en résoudre pour d'autres marchandises, pourvu que l'on entende bien la position de la regle conjointe.

PREMIERE QUESTION.

LYON ET VALENCE.

On veut savoir à combien reviendra à Lyon la livrede soie, achetée à Valence, à 27 réaux la livre, poids de Valence, en supposant que 100 livres de Valence, rendront à paiement à Lyon 72 livres, que Lyon remettra à Valence au change de 76 sols pour une piastre de 8 réaux, et que les frais de Valence à Lyon sont de 34 pour cent.

OPÉRATION.

Si ~~2~~ ~~18~~ ~~72~~ liv. de Lyon font . ~~100~~ liv. de Valence,
1 liv. de Valence coûte 3 ~~27~~ réaux,
10 réaux font . . . . . 1 piastre,
1 piastre . . . . 19 ~~76~~ sols,
20 sols . . . . 1 livre,
~~100~~ sans les frais . . . 67 ~~134~~ avec les frais,
combien reviendra à Lyon . . . 1 l. poids de Lyon?

19
3
—
57
67
—
399
342
—
3819
1819
19

20
10
—
200

Réponse, 19 l. 1 s. 10 d. $\frac{4}{5}$

20
—
380
180
12
—
2160
160
—
300 ou $\frac{4}{5}$

PREUVE DE L'OPÉRATION CI-CONTRE.

Si 100 liv. de Valence font 3 6 72 liv. poids de Lyon,
1 liv. de Lyon revient à 4582 $\frac{4}{5}$ deniers,
12 deniers valent . . . . 1 sol,
38 76 sols . . . . 1 piastre,
1 piastre . . . . 5 10 réaux,
67 134 avec les frais . . . . 100 sans les frais,
combien coûtera . . . . 1 liv. de Valence?

4582 $\frac{4}{5}$
5
22914
3
68742
5
34371|0
8911
000

38
67
266
228
2546
5 Fr.
1273|0
27 réaux.

Nota. Je me borne à donner ce seul exemple de preuve : les autres preuves seront faciles à faire en suivant le même principe.

SECONDE QUESTION.

Lyon et Palerme.

On veut savoir à combien reviendra à Lyon la livre de soie, achetée à Palerme à 20 $\frac{1}{4}$ tarins la liv., poids de Palerme, en supposant que 100 liv. de Palerme rendront à paiement à Lyon 66 liv.; que Lyon remettra à Palerme du papier sur Livourne au change de 95 $\frac{1}{2}$ sols pour une piastre : que Palerme négociera ce papier à 11 tarins 4 grains pour une piastre, et que les frais de Palerme à Lyon sont de 24 pour cent.

Si 66 liv. de Lyon font	. . .	100 liv. de Palerme,
1 liv. de Palerme coûte	81	20 $\frac{1}{4}$ tarins,
11 tarins 4 grains valent	.	1 piastre,
1 piastre	. . . .	95 $\frac{1}{2}$ sols,
5 20 sols	. . . .	1 livre,
100 sans les frais font	. 31	124 avec les frais,
combien reviendra à Lyon	. .	1 l. poids de Lyon?

66
11 . 4
66
66
13 . 4
739 . 4
5
3696
4 Fr.
14784
Rép. 16 l. 4 s. 4 d.

81
95 $\frac{1}{2}$
405
729
40 $\frac{1}{2}$
7735 $\frac{1}{2}$
31
7735
23205
15 $\frac{1}{2}$
239800 $\frac{1}{2}$
91960
* 3256

* 3256
20
65130
5994
12
71928
12792

TROISIEME QUESTION.

Lyon et Naples.

On veut savoir à combien reviendra à Lyon la livre de soie, achetée à Naples à 23 $\frac{3}{4}$ carlins la livre, poids de Naples, en supposant que 100 livres de Naples rendront à paiement à Lyon 66 liv. que Lyon remettra à Naples du papier sur Gênes au change de 94 sols pour une piastre ; que Naples negociera ce papier à 102 sols hors de banque pour un ducat, et que les frais de Naples à Lyon sont de 14 pour cent.

OPERATION.

Si 11 ~~33~~ ~~66~~	liv. de Lyon font.	~~100~~	liv. de Naples;
1	l. de Naples coûte	23 $\frac{3}{4}$	carlins,
10	carlins font	1	ducat,
1	ducat	102	s. hors de ban,
115	sols	1	piastre,
1	piastre	94	sols;
20	sols.	1	livre,
~~100~~	sans les frais 19 ~~57~~	~~114~~	avec les frais;
combien reviendra à Lyon . . .		1	l. poids de Ly. ?

	102	
11	23 $\frac{3}{4}$	* 227715
10	306	19
110	204	2049435
115	51	227715
550	25 $\frac{1}{2}$	4326585
110	2422 $\frac{1}{2}$	1796585
110	94	25585
12650	9688	20
20	21798	511700
253000	47	5700
Repons. 17 l. 2 s.	* 227715	12
		68400

QUATRIEME QUESTION.

Lyon et Venise.

On veut savoir à combien reviendra à Lyon la livre de soie, achetée à Venise à 26 livres 15 sols la livre, poids de Venise, en supposant que 100 liv. de Venise, rendront à paiement à Lyon 62 liv. que Venise tirera sur Lyon au change de 59 $\frac{3}{4}$ ducats de banque pour 300 l., et que les frais de Venise à Lyon sont de 8 pour cent.

OPÉRATION.

Si 31 ~~62~~ liv. de Lyon font . . ~~100~~ liv. de Venise,
1 l. de Venise coûte 107 ~~26~~ $\frac{3}{4}$ livres,
48 ~~9~~ $\frac{3}{5}$ livres font . . . . . 1 ducat,
239 ~~59~~ $\frac{3}{4}$ ducats valent . . . 300 livres,
~~100~~ sans les frais . . 54 ~~108~~ avec les frais,
combien reviendra à Lyon . . . 1 l. poids de Ly.?

	107
	300
	32100
31	54
48	128400
248	160500
124	1733400
1488	5 Fr.
239	8667000
13392	1554360
4464	131832
2976	20
355632	2636640
Réponse, 24 l. 7 s. 4 d.	147216
	12
	1766592
	344064

CINQUIEME QUESTION.

Lyon et Livourne.

On veut savoir à combien reviendra à Lyon la livre de soie, achetée à Livourne à 19 ½ jules la livre, poids de Livourne, en supposant que 100 livres de Livourne rendront à paiement à Lyon 68 liv. que Livourne tirera sur Lyon au change de 97 ¼ sols pour une piastre, et que les frais de Livourne à Lyon sont de 8 pour cent.

OPÉRATION.

Si 68 liv. de Lyon font . . ~~100~~ liv. de Livourne,
1 l. de Liv. coûte 13 ~~39~~ ~~19~~ ½ jules,
~~3~~ ~~9~~ jules font . . . . . 1 piastre,
1 piastre . . . . . . 389 ~~97~~ ¼
20 sols . . . . 1 livre,
~~100~~ sans les frais . . 36 ~~108~~ avec les frais,
combien reviendra à Lyon . . 1 l. poids de Ly.?

	389
	13
	1167
	389
	5057
68	36
20	
1360	30342
2 Fr.	15171
2720	182052
4 Fr.	73252
10880	7972
	20
Rép. 16 l. 14 s. 7 d.	159440
	50640
	7120
	12
	85440
	9280

SIXIEME QUESTION.

Lyon et Milan.

On veut savoir à combien reviendra à Lyon la livre de soie, achetée à Milan à 21 livres courantes la livre, poids de Milan, en supposant que 100 livres de Milan rendront à paiement à Lyon 66 livres, que Milan tirera sur Lyon au change de 55 sols impériaux pour un écu de 3 livres, et que les frais de Milan à Lyon sont de 10 pour cent.

OPÉRATION.

Si 22 66	liv. de Lyon font .	100	liv. de Milan,
1	liv. de Milan coûte	7 21	livres,
1	livre	20	sols courants,
15 75 150	sols courants . .	53 100	sols impériaux,
55	sols impériaux . . .	3	livres,
100	sans les frais . .	22 110	avec les frais,
	combien reviendra à Lyon . . .	1	liv. poids de Ly?

```
                         20
                          7
                        ---
                        140
     15                  53
     55                 ---
    ---                 420
     75                 700
     75                ----
    ---                7420
    825                   3
-----------------      -----
Rép. 26 l. 19 s. 7 d.  22260
                        5760
                         810
                          20
                       -----
                       16200
                        7950
                         525
                          12
                       -----
                        6300
                         525
```

SEPTIEME QUESTION.

LYON ET TURIN.

ON veut savoir à combien reviendra à Lyon la livre de soie, achetée à Turin à 15 livres 5 sols de Piémont la livre, poids de Turin, en supposant que 136 liv. de Piémont rendront à paiement à Lyon 103 livres, que Turin tirera sur Lyon au change de 49 ¾ sols de Piémont pour un écu de 3 livres, et que les frais de Turin à Lyon sont de 10 ½ pour cent.

OPERATION.

Si 103 liv. de Lyon font . . 136 liv. de Piémont,
1 l. de Piémont coûte . 15 liv. 5 sols,
1 liv. vaut . . . . 20 sols,
199 49 ¾ sols valent . . . . . 3 livres,
5 100 sans les frais font . . 120 ½ avec les frais,
combien reviendra à Lyon . . 1 liv. poids de Ly?

```
                     136
                     15 . 5
                     ------
                     680
                    136
                     34
                    -------
                    2074
                       3
                    -------
 103                6222
 199                 110 ½
------              -------
 927                62220      * 85514
927                6222              20
103                3111       ---------
------             -------     1710280
20497              687531       685430
    5                  4         70520
------             -------          12
102485             2750124     --------
                    700424       846240
Rép. 26 l. 16 s. 8 d.  * 85514     26360
```

HUITIEME QUESTION.

Lyon et Amsterdam.

On veut savoir à combien reviendra à Lyon la livre de soie de Nanquin, achetée à Amsterdam à 40 sols de gros banco la livre, poids de marc, en supposant que 100 liv. poids de marc rendront à paiement à Lyon 100 liv. que Lyon remettra à Amsterdam au change de 55 ½ den. de gros pour écu de 3 livres, et que les frais d'Amsterdam à Lyon sont de 10 pour cent.

OPÉRATION.

Si 100 livres de Lyon font .	110	liv. poids de marc,
1 . l. poids de marc coûte	40	sols de gros,
1 sol de gros	12	deniers de gros,
55 ½ deniers de gros . .	3	livres,
100 sans les frais font .	110	avec les frais,
combien reviendra à Lyon .	1	liv. poids de Lyon?

	4	
	12	
	48	
	3	
55 ½		
2	144	
	11	
111	144	* 60
Rép. 28 l. 10 s. 9 d.	144	20
	1584	1200
	2 Fr.	90
	3168	12
	948	1080
	* 60	81

FIN.

TABLE

DES OPÉRATIONS CONTENUES DANS CE LIVRE.

PARIS ET AMSTERDAM.

Pair d'un écu de 3 livres en deniers de gros banco.

OPÉRATIONS.

OBSERVATIONS.

PARIS ET AUGUSTE.

Pair d'un florin courant en sols tournois.

OPÉRATIONS.

PARIS ET AUGUSTE.

Pair de 100 écus de 3 livres en florins courants.

OPÉRATIONS.

PARIS ET BERGAME.

Pair d'un écu de 3 livres en sols de Bergame.

OPÉRATIONS.

PARIS ET BOLOGNE.

Pair d'un écu de 3 livres en sols de Bologne.

OPÉRATIONS.

PARIS, CADIX ET MADRID.

Pair d'une Pistole de 32 réaux plate-vieille en livres tournois.

OPÉRATIONS.

LYON, CADIX ET MADRID.

Pair d'une piastre de 8 réaux platte-vieille en sols tournois.

PARIS ET FRANCFORT.

Pair de 100 écus de 3 livres en rixdalles.

PARIS ET GÊNES

Pair d'une piastre hors de banque en sols tournois.

PARIS ET GENEVE.

Pair de 100 livres courantes en livres tournois.

OPÉRATIONS.

PARIS ET HAMBOURG.

Pair de 100 marcs lubs banco en livres tournois.

OPÉRATIONS.

PARIS ET HAMBOURG.

Pair d'un écu de 3 livres en sols lubs banco.

OPÉRATIONS.

PARIS ET LIVOURNE.

Pair d'une piastre de Livourne en sols tournois.

OPÉRATIONS.

PARIS ET LISBONNE.

Pair d'un écu de 3 livres en res.

OPÉRATIONS.

PARIS ET LONDRES.

Pair d'un écu de 3 livres en deniers sterlings.

OPÉRATIONS.

PARIS ET MILAN.

Pair d'un écu de 3 livres en sols impériaux.

OPÉRATIONS.

PARIS ET NAPLES.

Pair d'un ducat en sols tournois.

OPÉRATIONS.

PARIS ET NAPLES.

Pair d'une livre tournois en grains de Naples.

OPÉRATIONS.

PARIS, PALERME ET MESSINE.

Pair d'une livre tournois en grains de Palerme et Messine.

PARIS ET ROME.

Pair d'un écu monnoie en sols tournois.

PARIS ET TURIN.

Pair d'un écu de 3 livres en sols de Piémont.

PARIS ET VENISE.

Pair de 100 écus de 3 livres en ducats banco.

OPÉRATIONS.

PARIS ET VIENNE.

Pair d'un florin courant en sols tournois.

OPÉRATIONS.

PARIS ET VIENNE.

Pair d'une livre tournois en creutzers.

OPÉRATIONS.

Fin de la Table.

www.ingramcontent.com/pod-product-compliance
Ingram Content Group UK Ltd.
Pitfield, Milton Keynes, MK11 3LW, UK
UKHW012157240726
13966UKWH00002B/411